The golden thread of fate

宇宙につながる運命の金の糸

Akira Sato
佐藤 明紀良

ミラクルを実現する5つの法則

はじめに

私は、東京造形大学という美術系の大学に四〇年間勤務しております。そこで担当している「健康科学A」の講座の中で、前期一五週全てテレパシー開発、スプーン曲げ、名刺の割り箸切り、Oリングテスト、速聴・速読、透視、逆さ絵描写などといった〝右脳開発〟の授業をしています。

地球の歴史の中で、農業革命、産業革命を経て、今、コンピューターの発達を中心にした情報革命の時代に突入しています。二〇世紀は物質至上主義の世紀であり、機械や船舶、航空機などを所有している国が先進国として地球をリードして来ました。しかし、後半の最後には、人間のための〝心の癒し〟のブームが先進国に出現します。即ち、気功やヨーガや瞑想といった精神文化が拡まり、物質的豊かさよりも〝見えないモノ〟の重要性を理解する人々が、この地球の比較的文化の発達した国々に溢れたのです。

私は、二一世紀の中盤には、コンピューター中心の情報文化の発達は終焉を迎え、〝人間機能革命の時代〟に突入し、コンピューターは利用しながらもその後は永遠にその路線を進むであろうと予想しています。その中心は、テレパシーの授与能力の発達です。地球では太古の時代は人間同士のテレパシー通信がおこなわれ、危険予知能力も備えていたと思われます。それが、言葉、文字、文章といった左脳中心の文化伝達方法の発達によって、右脳の働きや発育発達が阻害され、今日まで来ています。

そんな中、私は実体験及び周囲の人たちの体験を通じて、潜在意識を利用することで願望を実現するノウハウに気がつきました。そして、そのノウハウを多くの人たちに伝えるべく、宇宙意識と潜在意識との関わりについて研究し、講義をしてきたのです。

その結果、教え子の中には女優や漫画家や童話作家になったり、会社社長や起業家になったり、芸術系教員になった人の数は数知れず……といった自己実現に成功した人たちが多く現れました。ちなみに東京造形大学（以下造形大）の現学長も教え子の一人です。

もちろんこれらの素晴らしい結果は本人たちの努力と才能あってのことですが、これもひとえに、彼らが自分の潜在意識と宇宙意識とのつながり＝〝運命の金の糸〟を利用したことで、彼らを取り巻く人や動植鉱物などが理想実現のために動いてくれたものと確信しています。

さて、〝潜在意識を利用して願望を実現するノウハウ〟ですが、具体的には、願望達成したい目標について、毎日〝見る〟〝言う〟〝聞く〟〝感じる〟という四感覚を通じて、その目標を絶えず自分の潜在意識に植え付けるという単純な日常作業をおこないます。その行動によって、宇宙意識が動かされ、他の潜在意識に伝わり、人や動植鉱物を動かし、願望実現が可能になるというわけです。最終的には潜在意識から宇宙意識に〝伝える〟技術の習得を目指します。「伝え―伝わる」という双方向のコミュニケーションが可能になることで、宇宙意識と潜在意識を結ぶ〝金の糸〟はますます太くなり、あなたの願望の実現をさらに容易にするでしょう。
　これは、私の今までの体験にとって真実であり、皆さんにも必ず顕現する素晴らしい実践法であると思います。

　こういったノウハウ本の場合、通常は「理論」を先にお話ししてから「実践」に進むことが多いようです。しかし、本書では敢えて、「実践編」を最初に持ってきました。それは、ノウハウの根幹である〝具体的方法〟を実践しながら読むことで、**読んでいる途中にミラクルなことが起きうる**と考えたからです。ですから、読み終わってから実践してみるのではなく、実践しながら読むことをお勧めします。繰り返し何度も読み、読み終わるごとにそのとき叶えたい願望を巻末の〝願望達成プロフィール〟やノートなどに書き、それが叶う状況を体験してください。
「実践編」を読み終えた時点でミラクルなことが起きた人は、さらに大きなミラクルの達成に向けて、理論パートである「概論編」を読んでいただき、人間の潜在意識と宇宙意識と他の人たちの潜在意識とのつながりを理解していただきたいと思います。

佐藤　明紀良

もくじ

実践編

概論編

生き方（WAY） 140

宇宙（COSMOS） 159

宇宙的ミラクルワード　169

おわりに

【付録】

実践編

あなたの生き方を変える〝運命の金の糸〟

いつか結ばれるであろう男女は、生まれたときから足首同士を赤い糸で結ばれている——いつしか日本では足首ではなく手の小指になっていますが、このロマンチックな伝説は中国を発祥とし、特に東アジアで広く信じられています。実際、目には見えないので赤い糸かどうかはわかりませんが、夫婦なり恋人になった二人の間には、例えば過去生からの縁といったつながりがあるであろうことは確信できます。

ところで、この見えない糸は人と人の間を結ぶものだけではないと私は考えています。

私たち人間をはじめとする生きとし生ける存在のほかに、この世界には、宇宙を創り、天体を動かし、地球の生命を育む意識（宇宙意識）という存在があります。わかりやすくいうと、私たちが通常〝神〟と呼んでいる存在です。

この宇宙意識と私たち一人一人の存在も、見えない糸でつながっています。その糸を私は〝**運命の金の糸**〟と名づけました。この金の糸も目に見えませんが、これは私たちの潜在意識につながっているからです。

これからお話しする「奇跡を起こす願望実現法」は、すべてこの〝運命の金の糸〟を意識することが最大のポイントとなります。これは一部の選ばれた人たちだけが使えるものではなく、全ての人に平等にチャンスが与えられています。

大切なのは、自分の潜在意識と宇宙意識と他の潜在意識との仕組みを理解して実践法をおこなうことです。それが理解できれば、あとは自己流でも構いません。次のページからさっそくスタートして、今日からの人生に役立ててください。

感覚を使ったミラクル願望実現法①「見る」

願望達成ピラミッドを作り、毎日見る

私の提唱する願望実現法は、人間の感覚を最大限に利用するのを特徴としていますが、その中で最も脳神経を刺激している頻度の高いのが視覚神経です。つまり〝見ること〟は右脳トレーニングに非常に大きな役割を果たします。

人間の感覚で視覚が占めるウエイトがどれだけ大きいかというと、まず、一日の睡眠時間を八時間とすると、一日の三分の二は目を覚ましていることになります。その目が覚めている間、視覚はまさにフル回転して脳を刺激していると言えます。他の感覚はたとえ起きていても感覚を刺激するものがなければ休んでいますが、視覚だけは目を閉じない限りずっと働き続けるのです。

また、人間は全情報の八〇パーセントを視覚から得ていると言われています。その証拠に、目をつむった途端他の感覚は敏感に働き出し、生命を守るために視覚の代わりに活躍し出すのです。

その視覚を使って願望目標を見ることを習慣づけることで、願望目標を潜在意識に植え付けることができるのです。

そこで私がお勧めしているのが、「願望達成ピラミッド」を作成し、家でも職場でもどちらでもいいですから、自分の目につく場所に掲示することです。そして毎日ちょっとでもいいので、必ず見てください。たとえ**一秒でも、見たことは確実に右脳に伝わっている**はずです。

次ページに見本を載せてありますが、自分で作っても結構です。その場合、大きめの紙（最低A４判くらい）を三等分にし、一番上の段の中央に長方形を一つ描いてください。二段目には長方形を二つ、三段目には長方形を四つ描きます。トーナメント表のようなものをイメージしてくれれば結構です。見本を使う場合は、それをA４判以上の大きさにコピーしてください。

そして、一番上の四角に自分が心から叶えたい願望を書きます。そして、その目標を叶えるために必要な二つの要素を二段目の四角に書きます。さらに、その二本の要素を叶えるための必要な要素をその下の四角の柱に書くのです。書き終わったら、自分が目にしやすい場所に貼って完成です。

柱に書いた願望が叶ったら、その都度その日付を記入します。目標達成の目安としては、大きな願望だったら一番上が五年後、二段目が三年後、三段目が一年後に叶うようにします。小さな願望ならそれぞれ、一年後、半年後、三か月後でもOKです。

ただし、願望が叶っても「よかった！　嬉しい！」で満足せず、すぐ次の願望ピラミッドを作ります。その願望が叶ったときには、次の目標が必ず見えてきているはずです。そしてできれば死ぬまでそれを続けてください。

願望達成ピラミッド

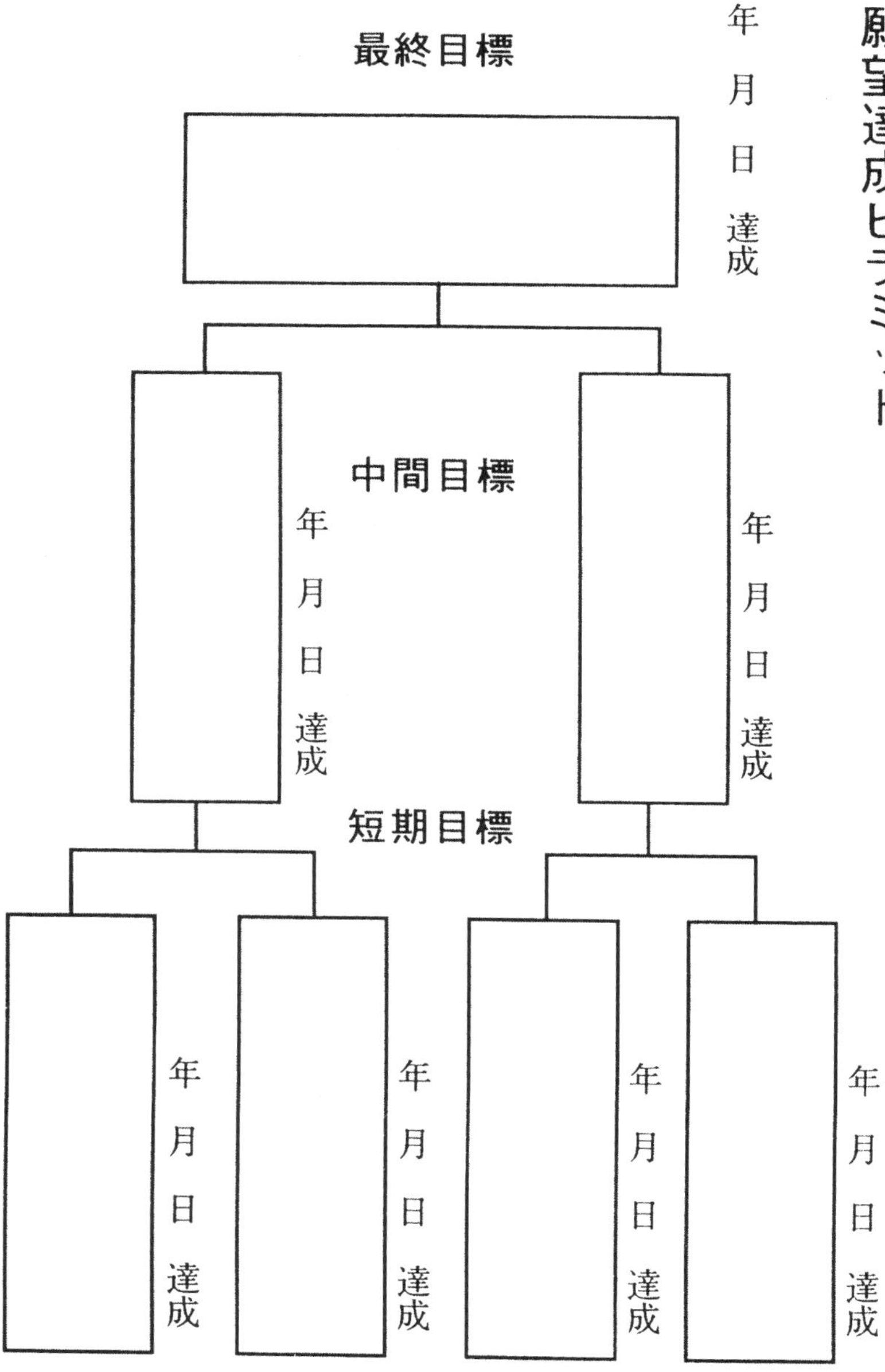

感覚を使ったミラクル願望実現法②「言う」

〝日本一のお金持ち〟も実践している「言霊法」

二〇〇三年六月、電車内の中吊り広告にある「千回の法則で大金持ちになる」という小さな見出しが目に留まりました。著者の名前を見ると「斎藤一人」とありました。斎藤さんの名前はその時初めて知ったのですが、納税額日本一になり、お弟子さん十人が全て億万長者だそうです。その人物に興味が湧いた私は、斎藤さんの著書はもちろん、その後お弟子さんたちの著書も含めて何冊か読ませて頂きました。

私が最も驚いたのは私と同い年であること、そして中学三年生の時に神の啓示のように〝プラスの言葉を唱える法〟がもたらされたということでした。というのも、中学三年生の時というのはちょうど私がアダムスキーの訳書に出会い、テレパシーに興味をもってゼナカードを手に入れて訓練を始めた年だったからです。

また、お弟子さんたちの指導方法にも共通点があり、例えば、「仕事は住んでいるアパートから始めよ」とか「借金してマイナススタートはするな」とか「ダンボールの手書き看板をプレゼントする」といった部分は面識もないのに全く同じでした。

さらにもう一つ、私と斎藤さんの共通点がありました。斎藤さんの成功ノウハウの一つとして、「幸せだなぁと千回つぶやく」というメソッドがあります。これはいわゆる言霊を利用したもので、言霊とはその名の通り「言葉に宿る霊＝魂」のことです。ポジティヴ（プラス思考）な言葉を発すればプラスの結果につながり、逆にネガティヴ（マイナス思考）の言葉を発すればマイナスな結果につながるという法則があるのですが、私は一九九八年に『ミラクルワード——奇跡を起こす秘訣』（東明社）を出版し、そこでその法則を紹介していたのです。

斎藤さんの場合は、天国言葉（「幸せだなー」「豊かだなー」「楽しいなー」「ありがとう」など）を千回唱え、心のマイナスで濁ったコップをクリーンにするとしていますが、私の言霊法は、なるべく**具体的な願望を口に出して、パワフルに叫びます**。心をこめて叫ぶことで、そこに魂が宿り波動になって拡がり、あらゆる人に届くのです。内容はなるべく具体的なほうがよく、例えば「フランスで人の心を癒せる画家になる」とか「子供たちに夢を与える大リーガーになる」、「難病を治す発明をしてノーベル賞をもらうぞ」といった世界的な願望から、「学校の先生になって、愛情豊かな子供たちを育てよう」、「介護士になって、心からお年寄りをいたわり面倒みよう」、「自然無農薬野菜を作り、日本人を健康にするぞ」などの国のためになること、または家族や知人や地域社会に関した夢でもいいのです。これを二〇〇日続けることで、自分の細胞や潜在意識に浸透し、宇宙意識に届き、周りの環境も変わり願望が叶うわけです。

ただし、誰かがそばにいるときは、心の中で叫ぶだけのほうがいいと思います。

私のケースをお話ししましょう。以前、あることに必要な資金一八〇〇万円の工面をしなければならなくなりました。もちろん「人のため」になる資金です。

そこで私は、まず「一八〇〇万円をGET!」という目標を立てました。そして、その後に「ありがとう」「感動」「最高」「楽しい」「ナウ（今）」といった単語を加えます。これらは、覚えやすいように「あかさたな」の頭文字で、かつポジティヴなイメージを持つ言葉です。

こうして作った五つの文を、十回ずつ口に出して叫びます。そして一セット終わったら手帳に一（一日目の意味）と書き、それを毎日続けました。その結果、一八四日目に資金の工面が無事できたのです。

結果が出るのは個人差がありますので、早かったり遅かったりはあると思いますし、毎日続けられる人もいれば、とびとびになってしまう人もいると思います。それでも手帳の数字が二〇〇（日目）になった頃に、必ず何らかの結果が現れるはずです。

言霊法の実践例

あなたの願望にポジティヴワード＝「ありがとう」「感動」「最高」「楽しい」「ナウ」を加えた

文章を作り、**それぞれ一〇回ずつ口に出して唱え**、自分の耳で聞いてください。

例えば、仕事が欲しい人は以下のように唱えます。


生き甲斐のある仕事をＧＥＴ！　ありがとう！

生き甲斐のある仕事をＧＥＴ！　感動！

生き甲斐のある仕事をＧＥＴ！　最高！

生き甲斐のある仕事をＧＥＴ！　楽しい！

生き甲斐のある仕事をＧＥＴ！　ナウ！

「ありがとう」を口癖にしよう

言霊法の一番最初のフレーズは「ありがとう」です。私は、よくこの言葉をさまざまな場面で頻繁に使います。ひょっとすると、「はい」と同じくらい使っているかも知れません。

我が家では、以前から「ありがとう」を習慣にしていました。夫婦同士はもちろんですが、子供にも自然に口に出して言っていました。息子も子供の頃から「ありがとう」が身についていましたので、三〇歳を過ぎた今でも何かをしてあげると「ありがとう」と口をついて出るようになっています。どうやらお礼というより、当たり前の挨拶のようになっているので、多分職場でも口

癖で使っているのではないかと思います。
どうしても家族だと照れくさくて「ありがとう」と言いにくいこともあるようですが、既に家庭を持っている方はもちろん、これから家庭を持とうとしている人はぜひ「ありがとう」を口癖にしてみてください。それによって、将来あなたの家族の全員が、学校や職場、そして人生においてそれが自然な習慣となり、他人から好意を持たれる一因になるからです。
何年か前に、「ありがとうシール」というものを私が主宰する世界リンパ整体協会の会員の方からたくさんいただきました。金色の細長いシールで、財布に貼ればお金が入ってくるし、身につければ幸運がやってくるし、水道のメーターに貼ると水道料金が安くなるとのことで、その方は家中に貼っていました。どういう原理かはわかりませんが、おそらくそう思いこむ力によって、よい結果がもたらされるのではないかと思います。

「ありがとう」は人生において万能とも言える魔法の言葉と言えますが、人生においては必ずしも言葉に出さなくても済むケースが多々あります。「どうも」とか「そう」など簡略化したり、場合によっては頭を下げるだけで済むこともあります。

しかし、言葉は発することで自分の約六〇兆もの細胞も、相手の約六〇兆もの細胞もちゃんと聞くことができるのです。ですので、できる限り素直に言葉に出しましょう。言葉に出すことで引き寄せの法則により、もっと「ありがとう」と言わなければならないような有り難いことが、どんどん押し寄せることになるからです。

最後に、「ありがとう」が持つ意味を私なりに解釈しましたのでご紹介します。いろんな場面で、いろんな人に使ってください。

あ　愛を持ち
り　理解をし
が　我を出さず
と　永遠《とこしえ》に
う　敬う

感覚を使ったミラクル願望実現法③「聞く」

「ミラクルワード」を録音して毎日聞き続けよう

人間の平均睡眠時間を八時間だとすると人生の三分の一は寝ているわけですから、その眠っている時間を利用しないのは大きな損失だと思います。人間は眠っている間も潜在意識を通じて宇宙意識とつながっていますが、私は眠りにつく直前に左の耳で聞いた言葉が潜在意識にインプットされ、宇宙意識を通じて願望が具現化されることに気づきました。そこで、どうせならその際に聞く言葉は〝奇跡を起こす言葉〟にすればいい――そして生まれたのが「ミラクルワード」です。

私が初めてミラクルワードと呼べるものを作ったのは、大学時代でした。

「私は努力家である。お金も名誉も女性も、粘り強い努力で獲得できると信じている」

このような、今では笑ってしまいそうな言葉を真剣に唱えていたのです。恐らく、当時の私にとって、お金、名誉、女性こそが「三大願望」だったのでしょう。

このミラクルワードを唱えていたせいか、私の前半生は、奇跡に恵まれていたように思います。希望通りの就職や理想通りの結婚、仕事の可能性を大きく拡げることができた留学はこのミラクルワードのおかげと確信していますし、さらにミラクルワードを生活の一部として取り入れてからは、研究所を持ち整体師として働くことができ、治療に関わる著書も多数出すことができました。ミラクルワードを唱えることで潜在意識に働きかけ、宇宙意識から現実の世界に良い結果をもたらしたと思います。

私は『ミラクルワード』執筆時に、『マネー&ラブ——ニューエイジ流お金とのつきあい方』ジェリー・ギリアス（VOICE）という本を参考にした七つのミラクルワードを掲載しました。潜在能力的には、七つくらいの目標は同時に可能にするだけのパワーが誰にも備わっているのです。しかし、そのワードのほとんどがお金に関してのことだったので、人生や仕事や健康に関してのことに置き換えたものを別途作成し、講演会などで配布したりしていました。

ある時、書店店頭の棚にある薄い青い本が目に留まりました。それは『ザ・レター——幸せな成功者からの17通の手紙』オリソン・マーデン（イーハトーヴフロンティア）でした。著者のオリソン・マーデンは、一八九一年に『前進あるのみ』という本を出し、世界で一〇〇〇万部が売れ、その資金でサクセス・マガジン社を創設し、世界中の成功者を取材して本に取り上げたのです。その成功法則を現代風にして、お金持ちのおじいさんが孫にあてた一七の手紙という形で教示したのがこの本でした。

私は、一度読み終わってから出版社に電話しました。「私は美大の授業で右脳開発をおこなっている者ですが、『ザ・レター』の在庫があれば何冊か分けてください」とお願いしたところ、五冊だけ送ってくださり、その他に厚紙のカードが入っていました。そこには偶然七つの分野の目標をカードに記入するものだったのです。

「ミラクルワード」の実践例

以前作ったミラクルワードは思いつきで並列したものでしたが、今回新たにその内容を変えずに、以下のように一、二、三……（ひーふーみー）の頭文字に置き換えたものを作成しました。これをテープレコーダーやICレコーダーなどの録音機器を使って録音し、繰り返し聞いていただきます。もちろんこのまま利用していただいてもいいですが、気に入らない時はご自分で新しいミラクルワードを考えて、録音して聞いても結構です。

潜在意識に取り込むためには、**身体をリラックスして左の耳で聞く**ことが大切です。私も毎晩就寝時に子守歌代わりに聞いており、だいたい二〇分以内で眠ってしまいます。ただ、日中いさかいがあったり、講演会や講習会が都外であってホテルに泊まった時などは、眠るまで二〜三回聞くことがあります。

1．（ひ）必要な時に、必要な援助がいつも私に与えられる

この地球に暮らしている全ての人々に、平等に太陽の光は注がれています。本来は、この光と少しの土地と雨水があれば、人間の考える力によって、食料を作り出し、家屋を構え、生きていけるのだと思います。私は、農家の長男に生まれたせいか、我が家の小さな花壇にはぶどうの木を中央に植え、そのほかにトマトやきゅうりやしそやねぎなどを植えています。周りの細い土地にはふきやみょうが、そしてびわ、みかん、ゆず、うめ、さくらんぼ、イチジク、小りんごの木など食べられるものだけが奇妙な調和で生えています。将来小さな畑で無農薬野菜を作り、自給自足の生活をしてみたいと思っています。

私のモットーは「**世のため、人のため、ちょっと自分のため**」ですが、それを心がければ、どんな仕事でもどんな分野においても、必ず成功すると確信しています。世のため、人のために信念と情熱を持って当たれば、それを必ずサポートしてくれる人が現われるからです。その人が本当に純真にこの地球を良くしたいという思いは、必ず他の人々の潜在意識につながって、それぞれの魂を揺り動かすことになるからです。私は、いつも困った時に、その時の行いが自分のためだけでない時には、必ず必要な人や物やお金といった援助がもたらされるのを感じます。

2. (ふ) 不屈の精神が、あらゆる物事を成し遂げさせてくれる

人間には、この地球上で生きている限り、次々と問題が起きてきます。呼吸をするたびに世の中が変化しているのだから、その構成員の人間には当然のことです。かえってこの世で授かった

生命力を試すチャンスと思ってチャレンジしてはどうでしょうか？　問題が発生した時に、「よし挑戦してみよう！」と思い考えるエネルギーと、「できるかなー？」と思い悩むエネルギーは同じなので、どうせ消費するなら積極的な方向に使いましょう。

私の場合は「だめもと主義」というより、問題が起きたり分相応な依頼を受けると、直後は悩むのですが、かえって燃えるような性格のようです。ある時、『ミラクルワード』を読んだ方の紹介で「日本心霊科学協会」の定例会に講演依頼を受けました。私のつたない体験談だけではと思い、あらゆる書籍を読破し講演に臨みました。講演が終わって一週間後、協会の理事の方から「参加できなかった全国の会員のために、先生の話を会誌に載せたい」ということで、当日録音をしていたテープから文章を起こして頂き、労せずして長論文が会報『心霊研究』に一三ページにわたって掲載されました。

一ヵ月後、今度は、その講演を聞いた人が「日本サトルエネルギー学会」の役員をやっていて、その学会の基調講演を依頼されました。この学会は微小なエネルギーや波動の研究学会で、帯津良一先生が顧問を務め（現在会長）、そのほか琴音亜紀理事長などそうそうたるメンバーが顔を揃えていました。

後日その役員の方から礼状が届きました。要旨は「初めはこんな先生は学会にミスマッチだと思っていました。ゴルフで言えば大ＯＢだと思って冷や汗をかきながら聞いているうちに、だんだんコースに乗ってきて、しまいにはフェアウェーのど真ん中にボールが落ちた感じでした」というものでした。私の話は、アダムスキーとＵＦＯの話から始まって、アダムスキーがアメリカとドイツの医学界に波動の治療機械をプレゼントし、それを元に波動の治療機械が今世界中で研究されているという内容のものでした。

私が、もし最初の講演を自信がないからという理由でお断りしていたら、このような発展は無かったと思います。頑張って階段を一歩登ると前よりも高い展望が見えてきます。できないと思って一段降りてしまうと、そこには二段の差ができてしまいます。不屈の精神でチャレンジし、誰よりもそのことに時間やエネルギーを傾ければ、誰でもどんなことにも達成する可能性があるのです。諦めない不屈の精神が今までも歴史を作ってきたし、私にもあなたにも必ずそれが可能になるのです。

3．（み）自らの細胞が順調に働き、私の体調を最高にしてくれる

中国の仙人思想に「霞を喰って生きる」というのがあります。自然食しか食べていない山奥に住む人間が、世俗の人より何倍も長生きをし、かくしゃくと行動をし、尊敬されていたのです。また、インド発祥の修行方法で、現在は健康法としてよく知られているヨーガでは、宇宙のエネルギーのことをプラーナといい、それをチャクラ（中医学の主要なツボ）から取り入れることで健康を保ち、心の平安をもたらすことができると言います。さらに、海や山で遭難をして九死に一生を得た人は、飲み食いよりもひたすら眠り続けたケースが多いと聞きます。

これらは何を意味しているかというと、身体を休めながら約六〇兆の細胞に新鮮な酸素を供給しているだけで、健康を回復することが可能だということなのです。

私たち地球人には、おしみなく天地のエネルギーが無尽蔵に与えられています。目に見えない何十種類もの光線や空気や天然水や地磁気のパワーなどです。これらに意識を向け感謝をし自分の身体に取り入れることが健康な生活を送る秘訣でもあります。

自分に気力の無い時、気分の優れない時、バイタリティーに欠ける時は、太陽の光を浴びながら、何度も深呼吸をしましょう。身体のあらゆる細胞に酸素が行き渡った時、無限の能力が活性化し、行動の原動力とも言える身体の仕組みや体調を最良にし、物事を良い方向に導いてくれるのです。

4.（よ）世の中に真実は拡がり、私の仕事も無限に拡がる

七つのミラクルワードの中で、これが一番叶いにくいと内心思っていました。しかし、いつも見聞きするワード（言葉や文字や名前）は、想念となって世界中に拡がり、〝引き寄せの法則〟で人や物事を引きつける経験をしています。

私はリンパ整体の協会を設立する際に、日本のみで活動しているにもかかわらず名称を「世界リンパ整体協会」にしたのですが、その途端に世界中から人や出来事が集まってしまったのです。言葉や名前の重要性を深く認識しています。

カリフォルニアからヨシ・クリス・ミヤケさんが、ロンドンからジュンジ・アイダさんが、日本に里帰りの時に私の本に出会い、整体指導者教室を受け、それぞれ支部長になって頂きました。ニュージーランド支部長のエイシロウ・オノさんは空手教室をやっていて、日本武道館での審判講習会に来日したときに教室（夏二年間連続）を受けられ、フットボールの国代表チームのトレーナーになりました。

大手観光会社の面接試験に合格してから指導者教室を受講したナオキ・ハヤカワさんは、その特技を買われて、今エーゲ海のリゾートホテルで「ＳＥＩＴＡＩ」を拡めています。

韓国支部長の呉貞玉さんは、ご主人の日本勤務に付いて来日し、教室を数回受け娘さんも翌年受けられ、二人で本国で「皮膚再生センター」を経営しています。東亜日報に「治せる治療師」として紹介され、その中で「私が他の人より治せる理由は、『日本で佐藤先生に細胞に働きかける』ということを学び、それを実践しているからです」と述べていました。これまで韓国支部長の企画で数回出張整体指導者教室をおこなっています。

中国支部長の王清さんは、ご主人が日本人で日本に住んでいますが、中国舞踊を教えながら整体施術をおこなっています。中国の支部長として時折本国に帰り、日本自然療法協会の普及活動に努めています。

世界に拡がっているのは、人だけではありません。私の著書も、翻訳出版という形で国の外に出ることができました。

まず、整体関係で最初に出版された『スポーツ整体・家庭整体』（ベースボール・マガジン社）が、台湾で『体育按摩・家庭按摩』として翻訳出版されました。また、『フィジカル・リンパセラピー』（ベースボール・マガジン社）も中国で『物理淋巴療法』として翻訳出版されています。

5．（い）いかなる時も、私の潜在意識は宇宙意識とつながっている

私たちのこの太陽系には八つの大きな惑星があり、太陽の周りを廻っています。全ての惑星が回転しているとすると、全ての惑星が太陽光線（放射線）を受けており、生物が生存してる可能性もあるわけです。この地球においては、どこに住んでいようと外に飛び出せば太陽光線を浴びることができます。にもかかわらず、マンションから電車（車）に乗りコンクリートジャングルの中の会社で過ごし、暗くなってから家に帰るという毎日の人もいるのではないでしょうか？

科学が大変進歩発展していると言う人もいます。確かに眼に見えるものや形あるものの発明・発見・工夫には素晴らしいものが見られます。五〇年前の生活を振り返ってみると、今の日本はまるで夢のような生活です。しかし、眼に見えないものの研究はあまり進んでいない気がします。テレパシー、気、想念、瞑想法などの研究は、ごく一部の人たちの元で密やかにおこなわれ、また、月や金星や火星などの宇宙的話などは、夢物語や想像の世界として一般の人々に語られているにすぎません。

幸いに私は、日本ＧＡＰ（真実を知らせる運動の会）の久保田八郎先生と四一歳の時に出会い、

お亡くなりになるまでの十数年間、毎月の月例会や総会で超能力や宇宙哲学（宇宙の真実）などの研究や講話を聴いていました。年二回お呼びしていた造形大の特別講演授業の後には、「ひな鳥山」などの多摩地方の名所にお連れし、お酒を酌み交わしながら秘話を聞くこともできました。おかげさまで、〝小さな地球にいるちっぽけな自分〟といった考えが、かなり大きく拡がったように思います。

久保田先生によると「私たちの太陽系には十二の惑星があり、そのような太陽系が十二でユニットになり、無限に続いている」そうですが、この無限の想像もつかない大宇宙を動かしている何らかの力（人はその力を神と呼ぶ）が、この地球にも、人にも、動植物や昆虫類にも降り注いでいるのです。この眼に見えない力を感じようとして自分に取り入れようとする人と、全く無関心で気にも留めない人では、その生活や人生に雲泥の差がついてしまいます。

言霊法やイメージング法などをやる時間が無い時には、このフレーズだけを口ずさむことにしています。「宇宙意識とつながって」いるだけでなく、私の家族や知人の人たちや袖触れ合った人たちをも温かく見守ってくれています。妻が世界大会で評価されたり、詩集『ライフエナジー』やエッセイ『自然運動からのメッセージ』（両書ともリトル・ガリヴァー社）を出版できたり、息子が東京大学博士課程の時に世界的な学会や研究発表の場で活躍し、昨年から東京大学助教になったのも、本人の努力が宇宙意識とつながったことであり、心から感謝しています。

6．（む）無限のアイデアが、いつも宇宙意識よりもたらされる

人間の潜在意識には、先祖の経験や前世の記憶そして誕生してからの全ての記憶がインプットされています。それらの全てを取り出し役立てることができれば、あらゆる願望の達成に役立つと思います。

三〇年ほど前の話です。身体均整法をやっている先生が、私たちの見ている前で女性に催眠術をかけました。術をかける前にあらかじめ、両面黒板の裏側を九等分し、顕在意識によって一から九までの数字を書いてもらっています。

「貴女がパーフェクトだと思う数字を、一から九までなるべく早く均等に書きなさい」

そう命じると、催眠術がかかった彼女はすごいスピードで黒板を九等分したカレンダーの数字のようなきれいな字を書きました。催眠術を解いてから、黒板を回転させて裏返しすると、おどおどしたへたな字が書いてあり、しかも左側に偏っていて右側がかなり空白でした。これが全く同じ人間が書いたわけですが、見ていた人たちも本人も信じられないくらいの差があったのです。

私の教え子でやっと造形大に入ってきて、私の授業を一年間だけ受け、次の年国立の芸大を受験し合格し、移っていった女子学生がいます。私の指導は、イメージングと右脳開発が主でしたが、予備校時代に左目で見た教科書や参考書の内容が全て右脳に記憶されており、左脳につながる脳梁という橋を渡り、顕在意識に情報が伝わり試験に貢献したのだと思っています。

私は、無理難題がもたらされた時、変性意識の作り方（39ページ）の呼吸法を一〇回ゆっくり

とおこない、気を落ち着けゆっくりと身体をリラックスさせます。イライラしても良いアイデアは浮かばず、冷静な判断ができないからです。本の原稿を書きながらも、行き詰ったときやアイデアが浮かばない時は、ぬるめの風呂に入りながらや外の景色を眺めながら、深呼吸や自分の呼吸を聞く瞑想法「呼吸意識瞑想」をおこないます。

かの有名な発明王エジソンが「その問題の解決策は、その意識を捨てた頃に天からやってくる」と言っており、詩人ゲーテも「私の頭の中にその詩は空中からやってきた」と詩ができる時の状況を述べています。発明発見の世界の人たちは良くそのような体験を語りますが、前に述べたように全ての人の潜在意識が宇宙意識とつながっていてアイデアを取り込むことが可能になっているのです。そこに意識を向けていると自分ではとうていい思いつかないアイデアがあちらこちらからもたらされるのです。

7．（な）何をしている時も、私の願いは世界に拡がっている

あることを成そうとすると、つい一生懸命に成り過ぎて他人を顧みず、また、自分の健康管理も怠りがちになります。働き蜂と言われる日本人は特にそうです。この地球上で、最も勤勉で真面目で休みの少ない人種が日本人だと思います。似ていると言われているドイツ人でさえ、夏休みを二ヶ月とって海外旅行に出かけます。日本では、盆と正月と有給休暇を合わせて一ヶ月にもならない働き蜂の国民がほとんどで、このような風習や国民性がある限り、どんなことがあって

も日本が世界のリーダーでいられると思っています。

しかし一方で、日本は、これからの世界を担う中堅層の人たちの躁うつ病や過労による突然死が多い国でもあります。私は病気の原因のほとんどはストレスであると考えています。ストレスには精神的なものだけでなく、生活や食べ物の偏りによる肉体的なストレスもあります。

二一世紀には、感性の研ぎ澄まされた人たちが世界のリーダーになり、その人たちを手本とする人たちが多く現れると思います。その人たちのグループの中に私の整体教室の生徒さんたちや造形大の教え子がいたら嬉しいのですが、そのような人たちは専門知識に精通し、勤勉でありながらも心にゆとりを持ち、自然を愛し自然から学べる人たちであって欲しいと思います。自分の仕事に無関係なことの中にもアイデアは生まれ、健康作りのためにおこなっているスポーツの最中でもそのような考えが拡がっています。

私は、数年前までは講演会や講習会の終わった後はほとんどとんぼ返りで家に帰って来ましたが、できれば次の日はその地の風に触れ、観光や名物を味わう余裕が必要だと最近では思うようになりました。その風土や人々に触れて学ぶことも多いのではないでしょうか。

仕事の後はもちろん、散策したり遊んだり、ゴルフをしている時でも、私の理想を感知してくれる人たちは、私に対する噂話やご批判をもとに、私の願いを勝手に日本だけでなく世界中に拡めてくれていることを願っています。

感覚を使ったミラクル願望実現法④「感じる」

「皮膚感覚でゾクゾクッと感じる」のがポイント

これまで〝運命の金の糸〟を意識した願望実現法をおこなうにあたって、「見る」「言う」「聞く」の三つの方法をご説明しました。栃木県にある日光東照宮には「見ざる、言わざる、聞かざる」で有名な「三猿」がありますが、ちょうど反対のアプローチですね。そもそもこの三猿は日本のオリジナルではなく、世界各国に似たような言い伝えや像があるそうです。

では何を「見ざる、聞かざる、言わざる」なのかは国によって違うようですが、主に宗教上のタブーなどと考えられています。もしかしたら、宗教家以外の一般人には〝運命の金の糸〟の存在は知られてはまずいと、タブー化することで隠そうとしたというのは考えすぎでしょうか。

ところで、〝運命の金の糸〟とつながるのに一番簡単な方法は、別にあります。逆に言えば、この方法が最初から身についているのなら、「見る」「言う」「聞く」といった方法は必要ありません。もちろん効果が増幅されるので、同時にやっていただいたほうがいいのですが。

その方法とは、「**皮膚感覚で願望が達成した状態をゾクゾクッと感じる**」ことです。つまり、五感を越えた第六感での感覚を利用するわけです。

いくら「願望は実現する」と心に言い聞かせていても、普通の人は疑心暗鬼になりやすいもので、どうしても第六感が反応するところまで確信できません。そこで、「見る」「言う」「聞く」を習慣化することで、自分の願望に自信を付けていくわけです。その過程の中で、「感じる」に移行できるタイミングがきっと来ます。そうなれば、あとはその自分の感覚をトレーニングしていけばいいのです。

「イメージ法」の実践例

A・変性意識の作り方（能力開発の準備運動）

軽く目をつむり、仰向けまたは座っておこないます。全身をゆったりとリラックスさせ、脚は肩幅にし、手のひらは上向きか、手を組んで丹田に置いてください。呼吸は、一〇回くらいゆっくりと鼻から吸って、口から長く吐きます。息を吸った時に身体が膨らんで空間中に拡がり、身体中の細胞にきれいな酸素が行き渡るようにイメージし、吐き終わった時に自分の身体の大きさに戻ります。

1．空気をゆっくりと鼻から吸って、それよりも長い息を口から吐いてください。

2．鼻から吸って身体が大きくなり、息を吐いて自分の身体の大きさに戻ります。

3．鼻から吸って、身体中の細胞にきれいな酸素を送ります。
4．七秒吸って、一〇秒吐いてください。
5．鼻から吸って、三秒止め、口から長ーく吐きます。
6．鼻から吸って、少し止め、感謝をし、ゆっくりと息を吐きます→五回繰り返します。

B・イメージ法

次に、あなたの燃えるような願望が達成した時の感動をイメージングしてください。

一〇回くらいゆっくりと鼻から吸って三秒止め、鼻から長く吐きます。息を止めている時と吐いている時に、願望が達成した時のフィーリングを、松果体と心臓と皮膚で、願望が叶った時の感動を先取りするように感じてください。では深呼吸を始めましょう。

1．鼻から吸って少し息を止め、感動し、ゆっくりと長く鼻から息を吐きます。
2．七秒吸って、三秒止め、感動し、一〇秒息を吐きます。
3．鼻から吸って、嬉しさを体感し、ゆっくりと息を吐きます。
4．鼻から吸って、幸福を感じ、ゆっくりと息を吐きます。
5．鼻から吸って、感謝をし、ゆっくりと息を吐きます。
6．鼻から吸って、少し止め、感動し、ゆっくりと息を吐きます→五回繰り返します。

燃えるような願望は、あなたに達成する能力があるから生まれるのです。毎日一〇分このミラクルイメージをおこなってください。必ず新たな出会い、不思議な体験、奇跡的な結果を生み出すことになるでしょう。

感覚を使ったミラクル願望実現法⑤「伝える」

私に「テレパシー」が来た〝ある出来事〟

一九九九年、日本GAPの主催するロサンゼルス郊外のアロマー・ガーデンスへの旅行に行ったときの話です。アロマー・ガーデンスとは、一九五二年にジョージ・アダムスキーがUFOから下りてきた金星人と出会った場所として知られ、日本GAPにとっては「聖地」とも言えるこの地に、会員三五名が訪れました。ジョージ・アダムスキーについては、166ページで詳述します。日本GAPの会長・久保田八郎先生は、旅行を企画しながらも、腎臓病で三ヶ月前に入院し、残念ながらこの旅行には参加できませんでした。

もちろん私たちもUFOに会えるかもしれないと期待してこの地を訪れたのですが、二日目に突然私に天空からテレパシーが来て、上空を見るとUFOがいたのです。それを会員の皆さんや周りの外人さんに知らせたことで、皆さんにに見てもらうことができました。その次の日以降もUFOは連日私たちの上空に現れ、テレパシーを受けた私はもちろん、他の皆さんも連日UFOを見ることができたのです。

どうして連日現れたのか不思議でしたが、日本に帰ってからその理由が明らかになりました。

私たちがロサンゼルスに到着してまもなく、久保田先生は病院で院内感染の肺炎で亡くなっていたのです。

久保田先生は生前、金星にはすでに発達した人間が住んでいて、テレパシーが意思疎通の主な手段であると唱えていました。私にテレパシーが来たのは、先生の没後、会長の代行を務めた加藤純一さんと一緒にGAP（真実を世界に知らせる運動）の活動を受け継いでいくようにというメッセージである……私はそう受け取ったのです。

それ以降、私はこのテレパシーを有効利用できないかと考え、独自に勉強してきました。その結果、脳の真ん中にある松果体が重要な働きをしていると確信し、松果体を訓練により発達させることでテレパシーを伝えやすく、そして受け取りやすくなることに気づいたのです。

私自身、松果体の訓練を始めてから、人間関係が改善したり、仕事の発展にもつながったことで、少しでも**私と〝袖を触れ合った人〟**には、全員幸福になってもらいたいと思い、日々の行動の中で右脳開発とテレパシー通信への取り組みを勧めています。もちろん、この本の出版にもテレパシーが役に立ったのは言うまでもありません。

この本を読んでテレパシーを使ってみたいと思った方は、今すぐにでも以下にあげるテレパシー法を始め松果体の訓練を進めて欲しいのですが、**特に今から結婚・出産を予定している人**は、伴侶の人といつもポジティヴなテレパシーを交換するようにし、お子さんを作る日も妊娠してからもその魂に働きかけてください。もちろん、生まれてからも続けましょう。そのようなテレパシー通信をたくさんの若い夫婦がおこなうようになれば、きっと今世紀中に、人間同士の意思がコンピュータより早く伝わるようになり、人々を幸福にするための発明や発見が即座に地球上の人々に伝えられるようになるでしょう。そんな未来は素晴らしいとは思いませんか?

「テレパシー法」の実践例

姿勢は座っておこないます。鼻から息を吸い、三秒止め、鼻から長く息を吐きます。息を吸う時は、目の前の空間に、反時計回りの宇宙エネルギーの渦巻きを想定します。眉間の中央(印堂穴)をレンズと考え、松果体にエネルギーが集中して集まるようにイメージします。三秒間息を止め、脳の真中を意守します。意守すると血流が普通より二〇パーセント増し、松果体が発達します。息を吐く時は、映写機のように松果体からエネルギーが出て、印堂穴のレンズを通り、目の前の細かい光のスクリーンに、人の顔を思い描き、願望を叶えてくれる表情や行動をありありと思い描きます。

最初は、肉親や愛し合っている人に簡単な動作を送ります。段階的に発達したら他の人に叶えたいイメージを送ります。イメージをはっきりと思い描けない人は、その人の写真やイラストをジィーッと見つめてから目をつむり、イメージを送ってください。

1. 七秒くらい鼻から息を吸って、三秒止め、一〇秒くらい鼻から息を長く吐きます。
2. 吸う時に反時計回りの宇宙エネルギーを感じ、三秒止め、長く吐きます。
3. 鼻から息を吸って、三秒止め、「松果体活発になれ!」と心の中で唱え、息を吐きます。
4. 鼻から吸って、三秒止め、吐く時に目の前のスクリーンにイメージを送ります。
5. 鼻から吸って、三秒止め、吐く時にその人が微笑んでいるのをイメージします。
6. 鼻から息を吸って、少し止め、長く息を吐きます。→五回繰り返します

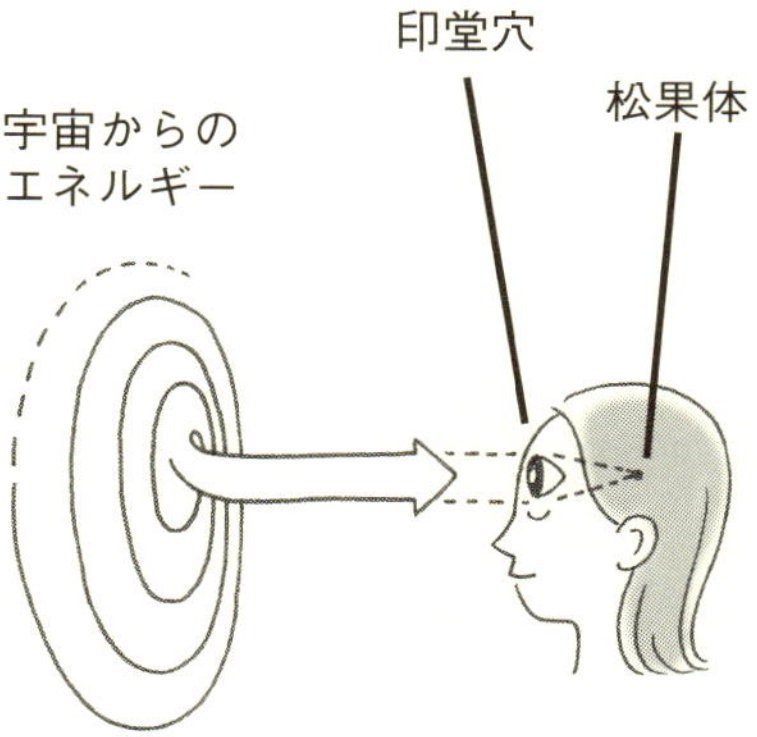

鼻から息を吸いながら松果体を意守する(血流促進し発達する)

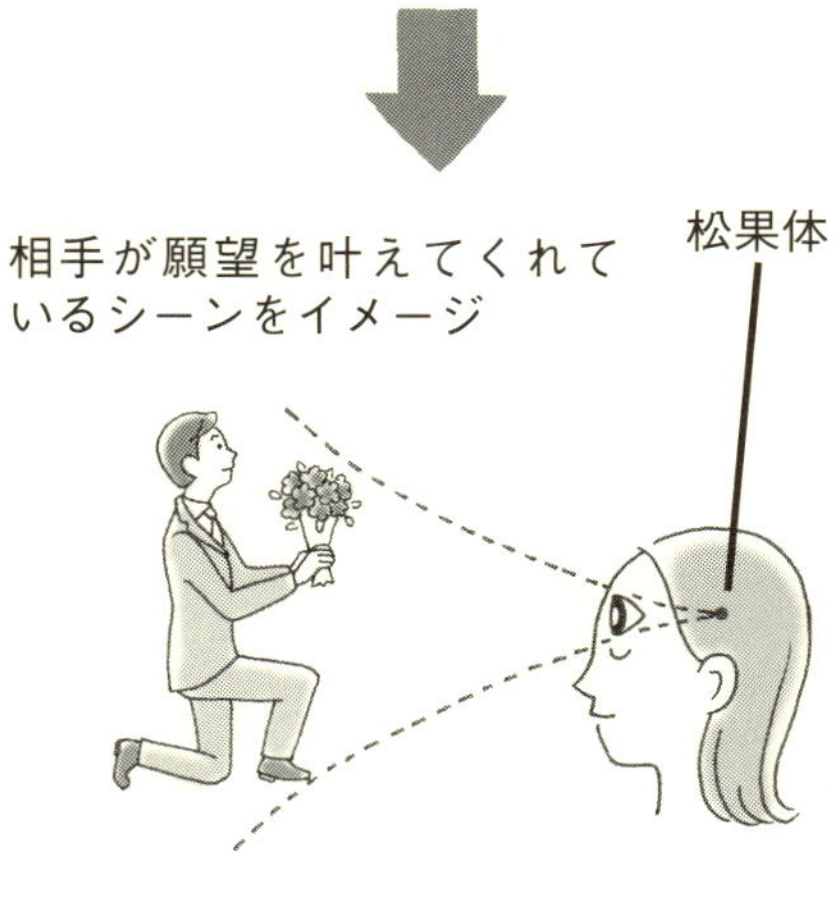

鼻から息を吐きながら松果体からイメージを送る(相手に届く)

右脳開発の効果を上げる〝変性意識〟とは

私は、造形大でおこなっている右脳開発の授業の時に、必ず〝変性意識〟になる呼吸法（39ページ）を最初に指導しています。その変性意識状態というのが何かご説明しましょう。

人間の脳波には覚醒度が高い順に、明晰状態を示す「β（ベータ）波」、リラックス状態を示す「α（アルファ）波」、深いリラックスや瞑想状態を示す「θ（シータ）波」、深い睡眠状態を示す「δ（デルタ）波」があります。このうち、いわゆる覚醒状態で出ているのがβ波とα波、無意識状態で出ているのがδ波です。θ波は寝入りばなのウトウトした状態や睡眠中に夢を見ている状態で発生する脳波ですが、このθ波が出ている状態が〝変性意識〟です。特に覚醒しながらθ波を出す状態、α波とθ波のちょうど中間の脳波（七・五ヘルツ）は「宇宙の波動」と言われており、右脳開発には最適な脳波ですので、この数値を目標とします（実際に脳波計測をするわけではないので、あくまでも目安です）。

吸う息よりも長く吐くことにより、ウトウトした状態になります。その状態にしてから、テレパシー伝達、スプーン曲げ、名刺の割り箸切り、Oリングテスト、速聴速読、透視、逆さ絵描写などといった課題をすると、それらの能力の発達が顕著になるのです。

一生をポジティヴにする簡単な方法

私は、十年くらい前からずーっと「能率手帳」を使用しています。手帳を開くと、左側には日付と曜日が載っていますが、右側は空白です。それを縦線で二つに分け、左側には失敗したこと、悲しいこと、嫌なこと……などといったネガティヴなことを書き□で囲みます。右側には成功したこと、嬉しいこと、楽しいことや、新しい発見、ひらめき、希望……などといったポジティヴなことを書き、◯で囲んだあと、黄色の蛍光ペンで◯をなぞります。

次ページの写真のように、なるべく右側のポジティヴ欄をたくさんの◯で埋まるようにします。何もない日でも、無理やり感動の発見をして◯で囲むようにします。写真の週を例に挙げると、この週は、八月三〇日に萩原玄明先生が死去されたことを聞きショックだったのですが、紀伊白浜の駅前で、小さな黒い蟻の集団が大きな芋虫を必死で運んでいて、そのたくましさに感銘し、「アリが大きなエサを運ぶ白浜駅」と右側に書きました。

その週は七つのポジティヴと一つのネガティヴになりました。

一週間は七日ですが、四日がポジティヴで三日がネガティヴなら、その週はポジティヴな週になります。それが三週間あればその一か月がポジティヴな月になり、一二か月の中でポジティヴ

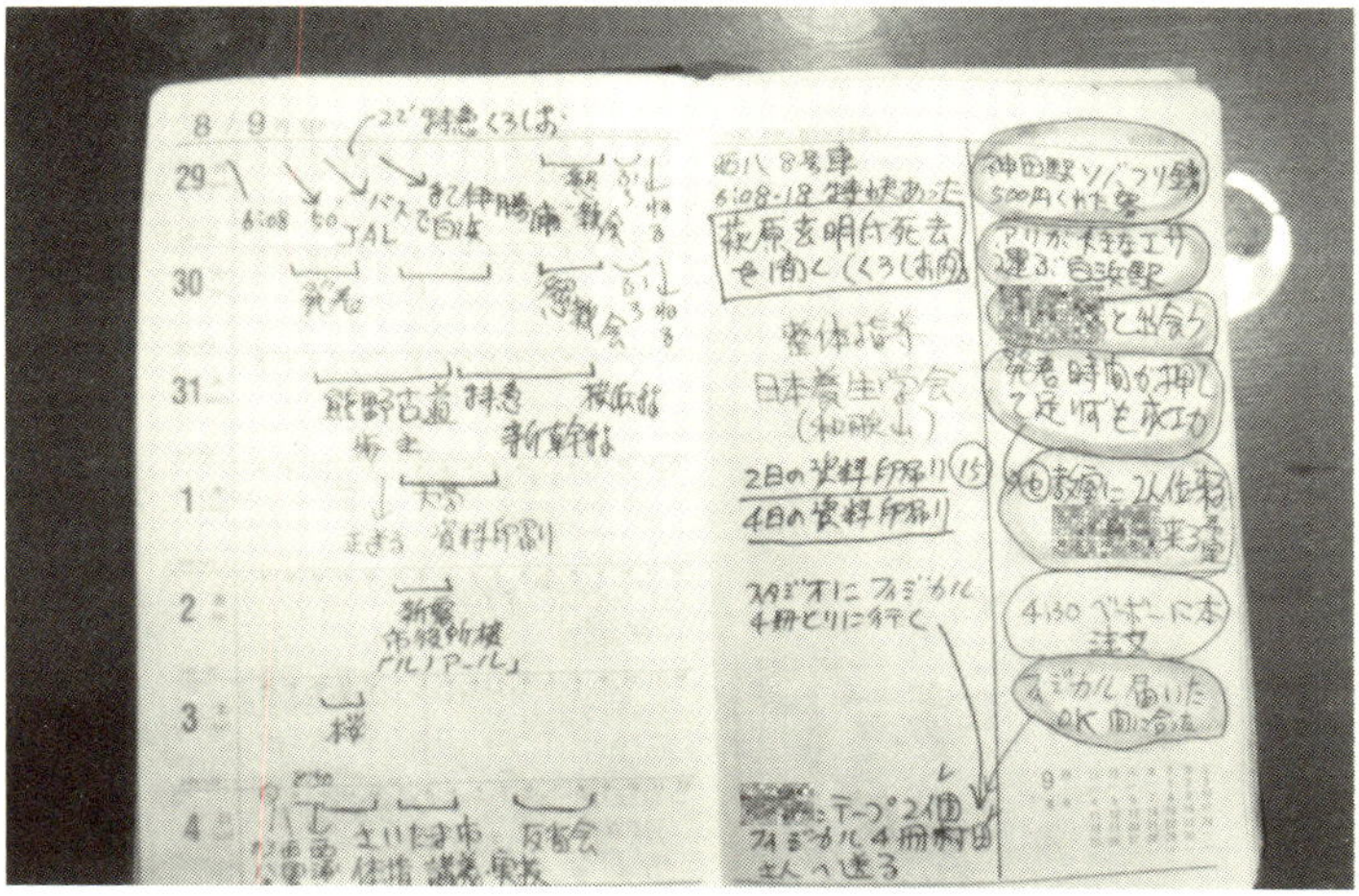

私が実際に使っている手帳の例。右ページの右半分になるべく多くのポジティブを付けましょう

な月が半分より多ければポジティヴな一年になり、死ぬまでそうして生きていけばポジティヴな一生になります。単純明快な、誰でも出来る「ポジティヴな人生」の作り方だと思いませんか？

特別な出来事が無い日でも「窓に小鳥がとまった」とか「梅のつぼみがふくらんだ」とか「青空がキレイだ」とか、普段気にしていなかったことの発見なら身近にあるはずです。今日から、今週から始めて、ポジティヴな一生を私と共に送りましょう。

日常から難病まで無限の可能性を秘めた手当療法

「癒せる手」と温熱療法

駒ヶ根市にある信玄白鳳堂整体院の馬場偉至院長は、人生相談をしながら施術をしていて評判なのですが、ある乳ガンの患者さんに手当療法を施したところ、なんだか腫瘍が横に動いた感じがしたそうです。一日三回来てもらい施術をしているうちに、結局ガンは消滅したそうです。この馬場院長が身につけているのが「癒せる手」でした。

癒せる手とは、「手のひらの温度が四三℃」になった状態を言いますが、この手を当てられると、皮膚から内部に何ともいえない温かさが浸透します。この浸透熱と患部を意識する気持ち（意守部位）によって、その部分の血流が二〇パーセントくらいアップすると言われています。即ち、赤血球、白血球（リンパ球）の流れが良くなり、赤血球は細胞に栄養や酸素を運び、白血球は病原菌を食べ、リンパ球のキラーT細胞はガン細胞も殺してしまうというのです。

温かくて気持がいいという意識は、脳内モルヒネを出し、NK（ナチュラルキラー）細胞やキラーT細胞の活力を促進します。血流が良くなると毛細血管から染み出したリンパ液の流れが良くなり、老廃物・疲労物質・痛感物質を運び去り、これらが毛細神経を刺激して感じた痛み・苦しさ・不快感を取り除きます。

他にも、「癒せる手」を五～一〇分患部に当てることで、痛みが半減または消失する例が数多く報告されています。手を当てるとその部分が変化を起こすことは誰でも体験的にわかっています。本能的に苦痛のあるところを無意識に押さえ、痛みが軽減した経験を誰もが持っているからです。

意識してもしなくても、誰の手のひらにも一〇アンペアほどの微弱電流が流れており、温かい感じがします。普通の人の体温が三六・五℃程度あるとして、この手を数℃上げて患部に当てると、血流が良くなって酸素や栄養素を細胞に運び、リンパの流れが促進され、細胞や組織に現れた老廃物・疲労物質・痛感物質をリンパ節に運びます。美容にも痛みにも病気にも効果が表れると思います。

近年、ガン患者が他の病気（マラリヤなど）で高熱を出したところ、ガン病巣が消えた例が数多く報告されたことから、にわかに〝温熱療法〟が注目を浴びています。ガン細胞のたんぱく質は四二・五℃の熱で死滅するそうですが、「癒せる手」の目標は四三℃にしています。手のひらが「癒せる手の作り方」で熱くならない時は、さらに両手のひらを強く擦ってください。この熱い手のひらを患部に当てると、病気の改善や怪我の治癒に影響を与えることができると思います。

「癒せる手」の理論

昭和初期に「手当療法」で肺エソ、カリエス、ガンなどの難病を治癒したという吉田弘さんは、その著書『手の妙用』（東明社）でその原理について「医学大辞典の痛みの解釈に、『生物が傷つけられると、その部分にマイナスイオン（仮説）が集まってきて、その部分にある痛覚神経細胞に触れ、大脳で痛みを感じるのである』と説明されている。私はこのマイナスイオン説を採用して、それで説明すると、私の手の痛くなる理由、また、手を当てた患部の痛みが去る理由も説明がつく」と述べています。

私は、痛みとマイナスイオンの関係について吉田さんとは異なる理論を持っています。患部には一五〜一七ヘルツのマイナスイオンが存在し、「癒せる手」には数ヘルツのマイナスイオンが現れます。「癒せる手」を近づけたり触れたりすると、患部のマイナスイオンは遠ざかり、身体のプラスイオンが引き寄せられます。身体の中で多いプラスイオンはカルシウムイオンで、鎮静作用があります。例として、不眠症の患者に寝る一時間前にぬるい牛乳を飲ませ、精神の高ぶりを解消したりする医師もいます。

本来、誰にも備わっている手当ての力ですが、現代人は医薬品にすぐ頼りすぎるようになったので自然な治癒力が衰えています。戦後、薬の無い頃は、怪我をして帰ってくると、母は水で洗い舌でぺろぺろ舐めてくれ、目に塵が入って痛がっていると舌で取り除いてくれました。超能力者の高塚光さんは、自分の母の心臓の具合が悪くなって思わず手を当てて祈り、始めて自分の治癒能力に気がついたと言っています。訓練することによって、誰でも自分の病を治し人の痛みや苦しみを半減させることができるはずなのです。

そこで、癒せる手を作る訓練をしてみましょう。

どうしても体温が上がらない人は、味噌汁にひとかけらのニンニクかショウガをすって入れるか、トウガラシをひとつまみ入れて毎日飲んでください。それでも熱くならない人は、手当て前に手のひらをすり合わせてください。癒せる手の皮膚タッチをきっかけに、身体中のあらゆる細胞が働き、患部の痛みを取り除き、病のもとを治癒していく〝自然治癒力〟の活性化を生み出すのです。貴方の手のひらで奇跡を起こすのです。

「癒せる手」の作り方

前述の吉田さんは同じく著書『手の妙用』で、「感ずる手」の作り方を説明しています。本の中では全部で四つの動作が紹介されていますが、これに宇宙エネルギーを取り入れた丹田腹式呼吸法をミックスすることで、誰の手もより熱くなり「癒せる手」に近づきます。

呼吸法は、四動作ともすべて同じです。吸う時は、大宇宙のエネルギーを頭のてっぺんにある百会から吸い込み、丹田に蓄えます。身体中に酸素が入ったら「ありがとうございます」と感謝し、お腹全体を三秒緊張させ、四秒目はそれよりも強く気のポンプ（丹田）を押します。吐くときは、ポンプから上に管が伸びていて心臓、両肩、肘、手の順に進み、手のひら（蛇口）から空気を吐くようイメージします（実際の呼気は鼻から静かに吐く）。

1．印堂《いんどう》合掌

ぴったりと合わせ両手の中指を印堂穴まで上げておこなう。（三分）

両手をピッタリ合わせ、両手のひらの毛穴から呼気を吐くようにイメージします。まず両手のひらが湿っぽくなり、次に労宮（手のひらの真ん中）が熱くなります。電子顕微鏡で見れば、ピッタリ合わせた両手もかすかすに空いています。

2．膻中《だんちゅう》合掌

緩めた両手をおわん形にし、心臓の前方においておこなう（三分）

軽く合わせた合掌の空洞を意識しながら呼気を吐きます。触れている指先や掌底が熱くなったり、ピリピリしたりします。両手の前腕と胸で正三角形を作り、ピラミッドパワーを表します。

3．鳩尾《みぞおち》離掌

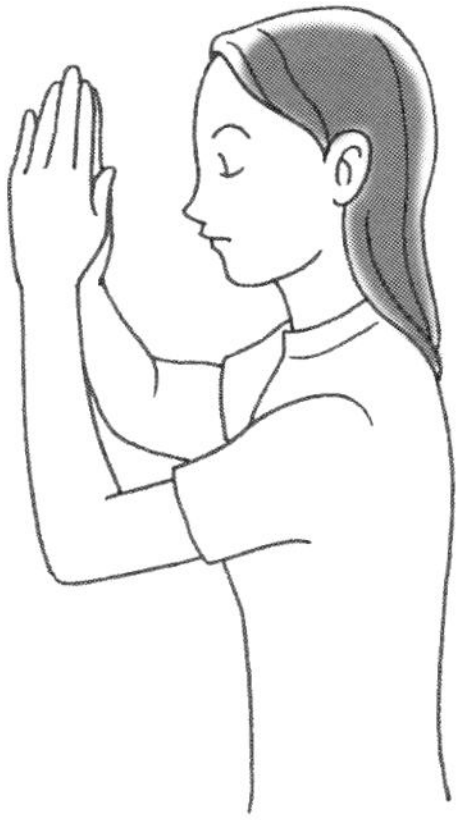

印堂合掌

膻中合掌

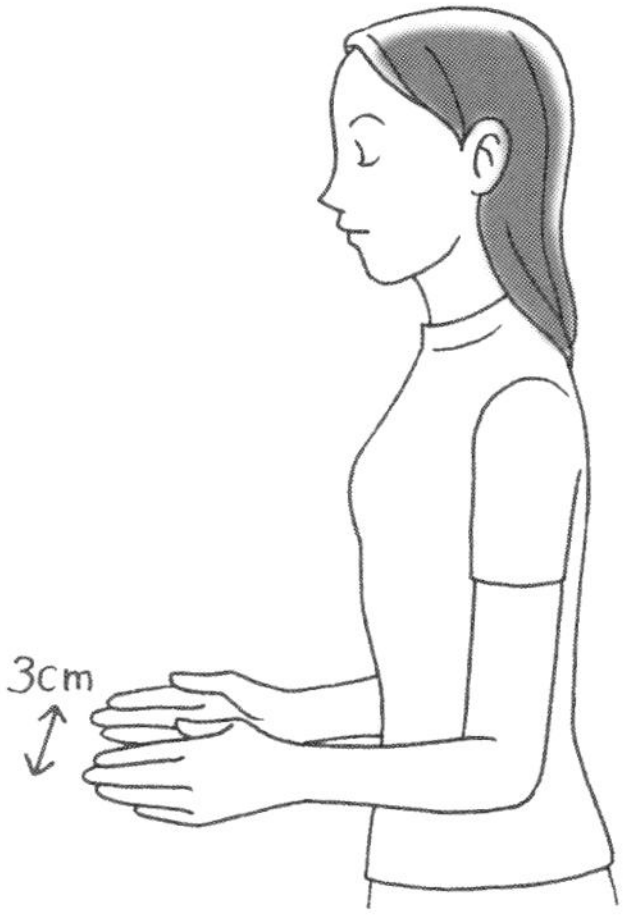

鳩尾合掌

丹田合掌

両手を三センチくらい離し、みぞおちと直角の位置まで下げる（三分）

平行に離した両手のひらの毛穴から呼気を吐きます。指先同士、手のひら同士、掌底同士の温かさを感じます。息を吸いながら両手を離し、吐きながら近づけたりして、手のひらの気を感じることもできます。

4．丹田合掌

丹田付近を一面として、両手の中にピラミッド形の空洞を作る（三分）

両手の中の空洞の温かさを感じながら呼気を吐きます。両手の指や空洞やお腹の皮膚や丹田が、手のひら・指の腹から吐かれた気で熱くなったり、ピリピリしたりします。丹田一点が熱くなれば、「癒せる手」になっているはずです。

1～4まで終わったら、相手がいる場合は、その人の片手を両手で触れずに挟み、自分一人の場合は耳の外側に手を置き、〝気〟（手の温かさ）を確認します。

「癒せる手の作り方」でなぜこんなに手が熱くなるのでしょうか？　その理由として四つの要素を上げることができます。

1．深く長い腹式呼吸によって、身体中の細胞が活性化する。

2. 横隔膜の上下動によって、腹膜との摩擦熱が生じる。
3. 腹部の緊張によって、腹腔内の血流が活発になる。
4. 両手のひらに意識を集中することで、手の血流が増す。

これらが発熱の要素ですが、この四つをそれぞれの動作の中で同時におこなうことで、誰でも手のひらが発熱するのだと考えられます。

手当療法だけでなく全てに応用可能な呼吸法

この大宇宙の全てのものを創り出した宇宙意識とそのエネルギー（大宇宙力）は、巨大なものから目に見えない小さなものまで生命力を与えてくれています。この地球を一応治めている人間にも、大きな生命力を与えてくれているのです。そして、自然界の大循環のシステムや、あらゆる生命体と人間の身体の仕組みの緻密さを考えると、全ての生命が果たすべく役割や使命を感じないわけにはいきません。

人間のほとんどの臓器は不随意的に動いています。循環器系・消化器系の臓器は自律的に動いていて、人間の意思でその動きを止めたり動かしたりできません。しかし、呼吸器系の肺に関しては不随意的な働きと随意的な要素の二つの面があります。随意的に止めたり動かしたり、早くしたり遅くしたりできるということは、宇宙の仕組みの完璧さから考えると、その必要性があるということになります。言い換えると、意識的に酸素を取り入れる動きやゆっくり大きく呼吸することによって、人間の命を守ることができるということです。

二〇一一年の日本養生学会では筑波大の遠藤卓郎先生が「意識的呼吸の効果について」発表され、指導後に呼吸数が大幅に減少したこと、身体と心にも一定の効果が見られたことを挙げています。人間は極限的過労状態の後、コンコンと何日も眠り続けます。その時に、人間が欲するものは、食事より安静と酸素です。細胞の疲労物質や老廃物や炭酸ガスを運び去り、細胞に新鮮な酸素や体内の備蓄栄養素をもたらす体液の流れに身を任せているのです。

近年、ホリスティック医学が研究されています。ホリスティック医学とは、病気を対症療法だけで捉えずに、心との関連や身体全体を視野に入れた医学です。例えば胃腸が悪い人の場合、社会状況や人間関係や家庭内でのストレスが無いかとか、脊椎骨（四番から七番）の曲がりや圧迫が無いか、食べ物や飲み物の偏りが無いかとか、病人のあらゆる要素から全体的に捉えるといった考え方をします。その中で、ストレスを軽減し、心を穏やかにし、細胞を活性化し、潜在能力を高める方法として、「腹式呼吸」がクローズアップされてきています。

腹式呼吸には順腹式と逆腹式があります。腹式呼吸と言っても実際は気管や肺を使うわけですが、横隔膜が上下することで腹腔内の圧力（腹圧）を変化させるわけです。吸う時に腹部を膨らませ吐く時にへこます方法を順腹式と言い、その反対を逆腹式と言います。

順腹式は自然的で、多くの酸素を吸うことができ、身体中の細胞を活性化することができます。そして、呼吸数を少なくし精神を安定させ、脳波を七・五ヘルツ近い変性意識（46ページ）にすることで、超能力が現れやすくなります。

一方の逆腹式は、息を吸う時にお腹をへこますことで腹圧を最大にし、逆に吐く時にはお腹を膨らませることで最少になります。このことで腹腔内の内臓マッサージになり、引いては内臓の強化につながります。


よく「病院に見舞いに行ったら、身体の具合が悪くなった」とか、治療師の人から「気を引いて自分が同じような目に会った」といった相談を受けることがあります。病人の場合は意識しなくても健康な人からエネルギーを欲しがっていますし、気を引いてしまった治療師は、自分の生命エネルギーだけで治そうとしているために、気を吸い取られて患者さんと同じような症状になるわけです。

そうならないためにも、病院に見舞いに行く時や難病の患者さんに会う時には、次ページの呼吸法を実践することで、百会から宇宙のエネルギーを取り込み、身体中に酸素を一杯にしてからにしてください。

以下、手当療法の際におこなう「呼吸法」の実践例（60ページ図参照）です。

①椅子にゆったりと座り、頭頂にある百会を真上に向け、鼻から息をめいっぱい吸って身体が風船のように膨らんだイメージをし、三秒息を止め「ありがとうございます」と感謝をする。次に、ゆっくりと口から長く吐く。（一〇回）

②相手の患部に軽く手を置いて、大宇宙のエネルギーが自分の百会に入ってくるようにイメージしながら、鼻から息を吸う。

③エネルギーが百会から体中管を通り、丹田に貯めるようにイメージする。

④逆さになった石油ポンプを押すように、一度丹田を力み、そのエネルギーが心臓部で二つに分かれ、肩、腕、肘から手に流れ、手のひらから気を吐き（皮膚呼吸の呼気）患部を温める。実際の呼気は、気が漏れないように鼻から吐く。

⑤相手の患部にある黒い塊を、手のひらから出るレーザービーム（波動力）で粉々にするイメージや、同時に心の中で「治れ！　治れ！　治れ！」と強く念じる。

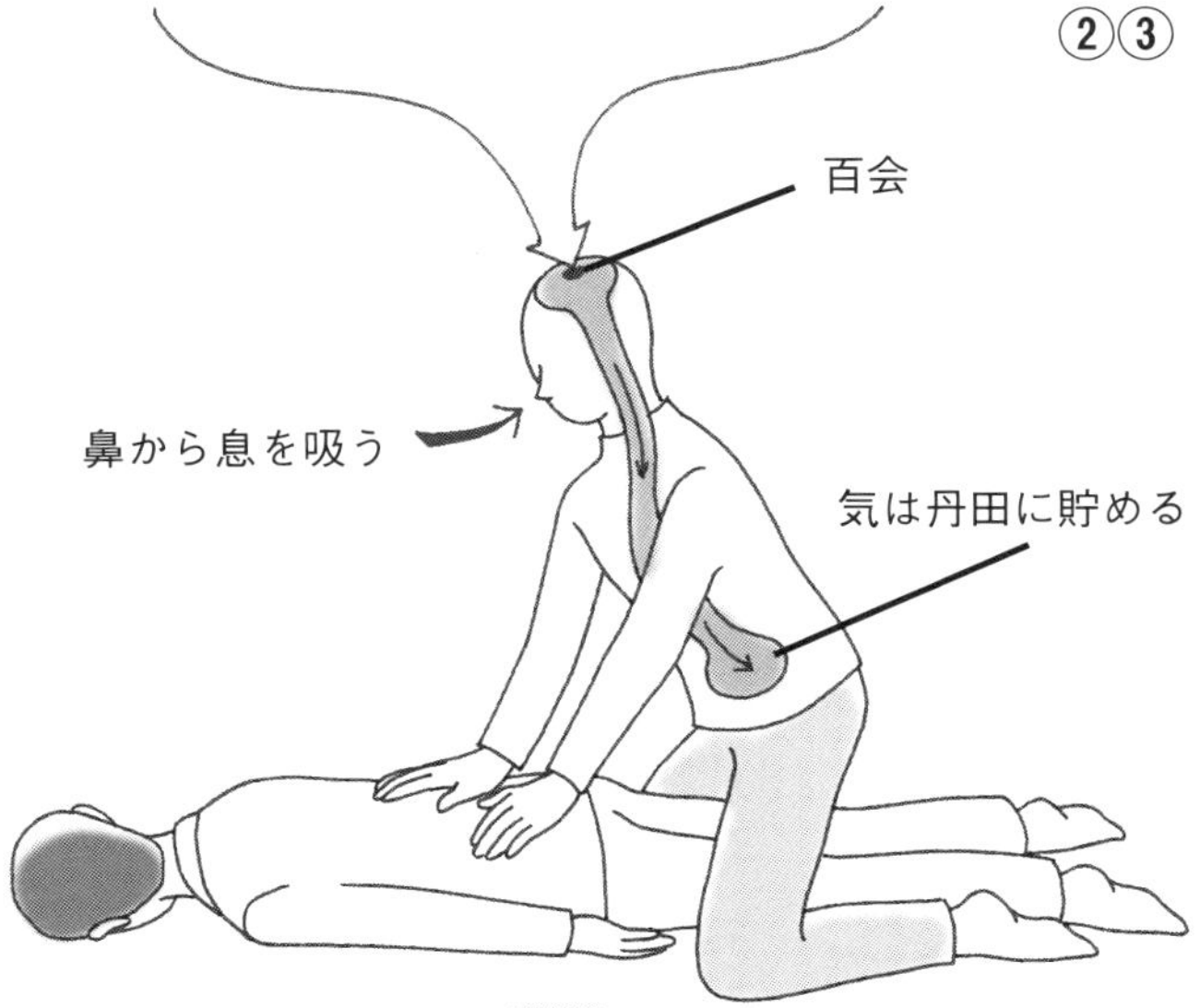
②③
百会
鼻から息を吸う
気は丹田に貯める

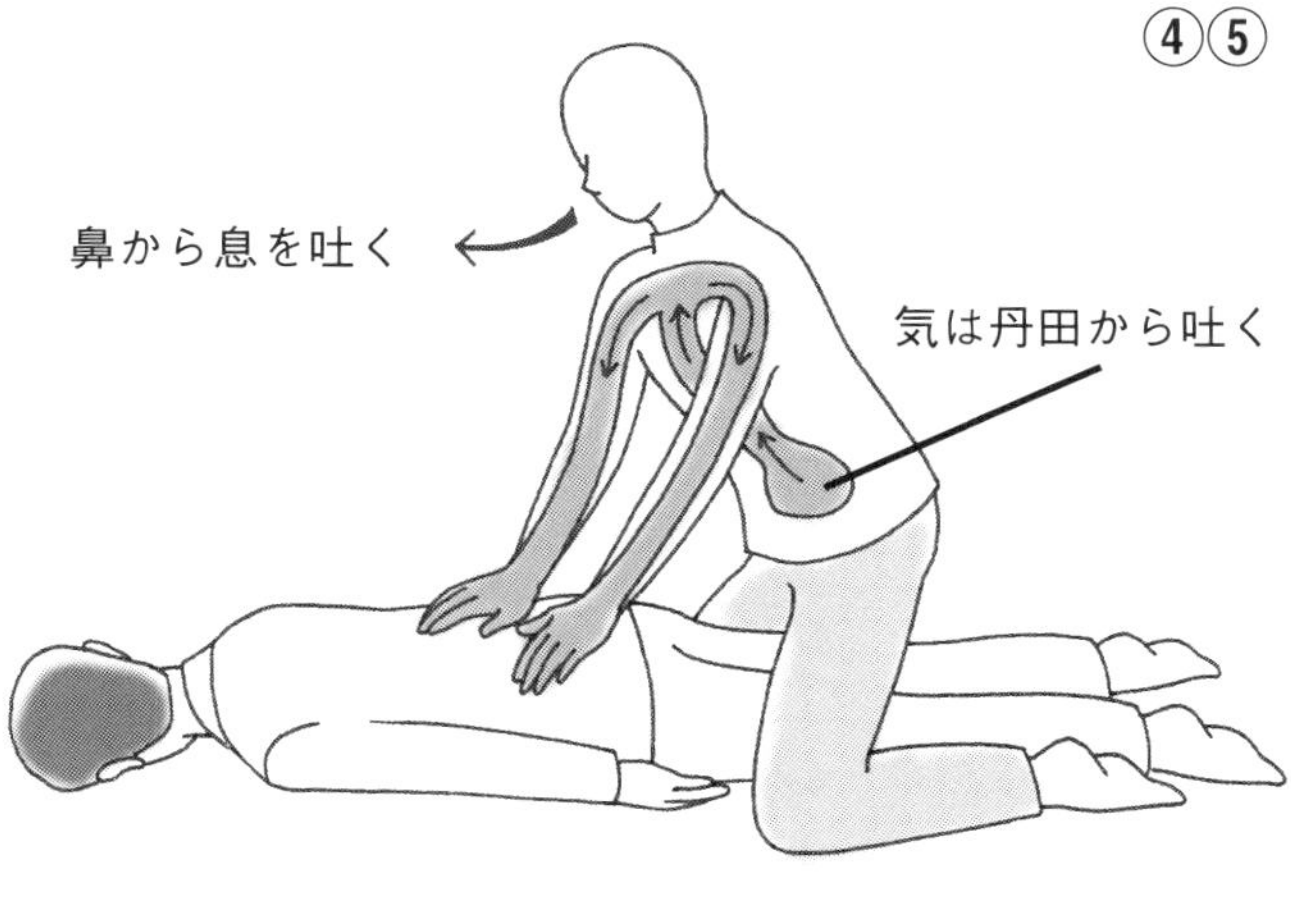
④⑤
鼻から息を吐く
気は丹田から吐く

自然療法（温熱療法＋自然素材）でミラクルを！

自然治癒力を高めれば、ガンは不治の病ではない！

株式会社日本オムバスの創始者であり会長を務める小川秀夫さんが二〇〇七年に出版した『ガンの自然免疫療法』（花伝社）の内容に、私は深い感銘を受けました。小川さんは福岡県出身ですが、現在北海道川上郡に在住しており、ガンなどを温泉療法を中心とした自然療法を指導しています。

小川さんは同書で、「抗ガン剤」は「発ガン性の強い猛毒物質」であり、「ガンより「抗ガン剤」のほうが怖い」と述べています。そして、「体が喜ぶ生活」を徹底させてみたら「ガンの進行」は停滞したり停止し、普通の人と同じ程度の免疫力が備わる時期には「ガン細胞は自然治癒する」というのです。

さらに二〇〇九年に刊行された新版『ガンの自然免疫療法』では、ある大学医学部付属病院で一年間に亡くなったガン患者の八〇パーセントは、ガンではなく抗ガン剤や放射線などのガン治療の「副作用」で死亡していたと書いています。また、九州大学の池見酉次郎教授が、何十年もの臨床研究成果として「ガンは頻繁に自然治癒している」と発表したことも書いています。そして、ガンを克服するための必要条件として「湯治、睡眠、食生活、学習」を挙げています。

私の持論を述べますと、地球人は誰でもガンキャリアであり、成人の体内では毎日三〇〇〇～五〇〇〇個のガン細胞が発生していますが、自然治癒力（主にリンパ球のＮＫ細胞）によってその発病を防いでいるのです。従って、自然な精神状態と身体状態を保っていればガンは怖くないし、発病したとしても自然治癒力を高める努力をすれば必ず治癒すると思っています。

そう考えると、一番の問題は、西洋医学で治せないが故に「ガンは不治の病である」と信じている人々の心にあるのではないでしょうか。

西洋医学に傾倒せず、さまざまな選択肢を！

二〇〇〇年からアメリカでは代替療法（東洋医学の鍼灸、漢方薬、薬膳や整体・カイロなど）の医療費が西洋医学（化学療法など）の医療費を上回り、米医学界でも抗ガン剤ではガンは治せないとして、温熱療法や神経免疫学（自己催眠やイメージングの利用）の研究が注目を浴びています。一方日本では、なお、手術切除、レーザー治療、抗ガン剤投与が主流をなしており、国民が〝ガンは不治の病〟と思わざるを得ない現状になっています。

しかし日本においても、免疫学を解りやすく説いてベストセラーを多数出版している新潟大学大学院教授の安保徹先生をはじめ、「自然治癒力を高めれば、ガンは怖くない」という医師たちも多く現れています。

川嶋朗医学博士が代表を務めるホルミシス臨床研究会（http://www.thar.jp/）は、私の知人である村田昭久さんが若手の医師数名を発起人として立ち上げました。医院の中にはラドンルームを設置し、ガンや難病の患者でその症状によって温熱とラドンの吸入で治療している例も増えています。

先日、中国に本拠地を置く製薬会社天士力《タスリー》の日本支社「天士力《タスリー》日本《ジャパン》」（http://www.tasly.co.jp/tasly-japan.html）の執行役員・坂本徳子さんと会談しました。この会社は巨大資本を持つ漢方薬の会社ですが、坂本さんは「漢方薬で病気を無くすというのではなく、未病（病気に未だなっていない）の人たちの健康作りに漢方薬を使いたい」と言っていました。

このように、健康や治療に対する国民の意識が、少しずつ変革していっているのを日々感じます。今後、このような考え方が定着し、皆さんが「病気にならない」「病気になっても怖がらない」よう多くの選択肢を選べる世の中になればと考えております。

私自身の活動としては、造形大の「健康科学B」の授業で、「病気と治療」「ストレスとその対処法」「食生活、喫煙と飲酒の害」「ガンと難病の最新治療法」などのテーマで後期一五週を健康に関する講義をおこなっています。また、日本自然療法協会（http://www.lymphseitai.com/）の会長として、常に新しい正しい情報を皆さんにお伝えすべく、新聞や健康に関する書籍、雑誌などを数多く読むようにしています。

この日本自然療法協会ですが、これまでガンや難病に対してさまざまな自然素材を推薦してきましたが、現在は、「固体水素」と「プランクトン」を推薦しています。

「固体水素」は、生殖免疫学の及川胤昭博士が、ガンで奥さんを亡くしたことで研究を始め、病気の原因となる活性酸素を除去するにはマイナス水素イオンが最適であるという結論を出しました。それを食用サンゴに閉じ込めることに成功し、食品化したものです。口から入ってから八時間くらい水素を出しつづけ、活性酸素と結びついて無害な水にして尿として排出するのです。さらなる開発の結果、福島原発事故で放射性物質除去に使われたゼオライトも加えられました。

「プランクトン」は、海水中で多数生息する微生物です。水中で酸素を放出することで地球のために役立っていますが、カナダの海洋研究者が魚類の餌としていた海洋性植物プランクトンや海の野菜と陸の果物をブレンドしたものを飲んで、自分のガンを治癒しました。巨大なクジラが、一〇〇歳まで元気で生きるのはプランクトンを食べているからだと言われています。

さらに当協会では、ラドンマントを着て下からハーブを炊く温熱療法（ＹＯＳＡ）も勧めています。これはデトックス（体内毒素除去）効果があるとされているのですが、汗腺ではなく皮脂腺から汗を出すため、美容効果やエステ作用も期待できます。

本書でも、「ミラクルを起こす五Ｓ」として健康に必要な五つの要素をあげました（112ページ）。この五つの要素は、未病にも使えると思いますが、万が一病気になった時には今まで述べたことを参考にして、自然療法の門を叩いてみてください。

自宅で出来る自然療法（未病・治病のために）

フランス革命の先駆者ルソーは、文明社会の非人間性を非難し「汝、自然に帰れ！」という有名な言葉を残しました。動物園の檻に入れられて病気になった野生動物が、野性に返すことで元気になったケースが多々ありますが、同様に現代社会の中で病気になりそうな人（未病者）や病気を治したい人（治病者）が、自然な生活に変えることで元気になる可能性が高いと私は思います。

そこで、自宅でも出来る自然療法＝生活習慣の一例を挙げてみました。朝起きてから夜寝るまでの生活シミュレーションです。ぜひ参考にしてください。

【朝】

目が覚めたら冬でも窓を開け、新鮮な空気を部屋に入れます。布団を上にあげただけでも、おびただしい塵やほこりが舞い上がります。部屋には微生物や病原体がうようよしていますので、太陽光線が入る部屋なら上半身裸になって一〇分間光を浴びます。口を大きく開けて口腔の殺菌も同時におこないます。

雨の日以外は外に出て、朝日の方を向いて、丹田に両手を当て深呼吸を一〇回おこないます。七秒吸って三秒止め「ありがとうございます」と唱え、一〇秒で息を吐きます。約六〇兆の細胞全部に新鮮な酸素をあげるつもりでおこないます。

ナチュラルミネラルウォーターをコップ一杯飲んで、しばらくしたら、自分の体温より三℃（夏）～五℃（冬）高めの〝自家製ぬるま湯〟に二〇～三〇分入ります。このぬるま湯には入浴剤を一袋入れます（我が家では石澤研究所の「ゲルマバス男湯（死海の泥配合）」を入れています）。

朝食は、ミキサーに市販の安い野菜ジュースを入れ、季節の野菜や果物を何種類か半分に切って入れ、残り半分は食べます。必ず入れるのが人参とトマトですが、石原都知事は毎朝アロエを一葉入れた野菜ジュースを大きなコップ一杯飲んでいるそうです。

難病になってしまった人は、できれば休職をして仕事から離れ、小さなノートを持って近所や近くの公園に散歩に出かけます。さまざまな自然界の草花や虫達の生命力を観察し、それを記録したりスケッチしたりして感動しましょう。私は、能率手帳の右側の中央に線を引き、その右半分にポジティヴな発見を書いています（47ページ参照）。

【昼】

治病の人は、再びミネラルウォーターをコップ一杯飲み、〝自家製ぬるま湯〟に入ります。

昼食はそばか、玄米ご飯に納豆をかけ、豆腐か野菜の煮物または海産物をおかずにします。外出している時は魚系の定食にし、白いご飯には持参の野菜ふりかけをかけて食べます。

一〇分くらいのウォーキングをおこないます。ポジティヴな言葉を右足ごとに唱えます。「元

気だ。元気だ」とか「楽しい。楽しい」などと力を込めて唱え、他のことを考えないようにして歩きます。自分の心に納得できるしっくりする言葉を選びましょう。

【夜】

夕食前に、ミネラルウォーターをコップ一杯飲み、しばらくしてから〝自家製ぬるま湯〟にゆっくり入ります。「今日も生きていた。ありがとう!」と、感謝の気持ちを唱えます。

お風呂を上がってから、お酒好きの人は、アルコール一〇パーセント以下なら多少飲んでも構いません。強い酒は咽頭や胃腸の粘膜を破壊するからです（私はビールと赤ワインが好きですが、赤ワインは一三パーセントくらいあるのでビールとミックスしたり、氷を少し入れたり、炭酸水で割ったりしています）。ちなみに、煙草はあらゆるガンの元ですから絶対禁止です。

夕食は、何を食べてもＯＫですが、最初に出来れば生野菜をポン酢をちょっとかけるくらいでたくさん食べます。最初に入ってきた食べ物は吸収されやすいからです。動物性蛋白質の中でも、家畜は全て人間の体温より高いので、血液をドロつかせる危険性があります。出来れば、体温の低い魚類を食べましょう。

動物の中で、人間だけが味付けのせいで、過食になりやすい傾向があります。また、調味料の使いすぎは生活習慣病の原因ともなります。あらゆる食事をどんどん薄味にしましょう。

テレビの番組は、暗い事件のニュースやサスペンスや悲しいドラマはいっさい観ないで、お笑いやクイズ番組、喜劇やハッピーエンドのドラマを見ながら無理にでも笑いましょう。科学的実験で、健康講座よりお笑いを聞かせた方がＮＫ細胞が増加したそうです。作り笑いでも大丈夫です。脳が、作り笑顔と病気が不釣り合いだと感じ、病気の方を治してしまうのです。

就寝時は、自分の願望を吹き込んだカセットテープ（ＣＤ）を左の耳の隣に置き、ゆったりとした呼吸をしながら眠りにつきます。「私はどんどん元気になる。今日より明日はもっと良くなる」など、自分が本当に叶えたい願望を考え、自分の声で何度も繰り返し二〇分くらいの長さにします。私の場合は、人生で必要な〝七つのミラクルワード〟をそれぞれ一〇回ずつ吹き込んだテープを毎日聞きながら、ポジティヴな気持ちで眠りにつきます。

概論編

奇跡（MIRACLE）

あなたの存在自体がミラクルである

私たちは、めったに起きそうにないとんでもない出来事が起きた時に「奇跡的だった」と言います。そしてこの言葉を発する時には必ずプラス思考が同時にイメージされています。例えば「奇跡的に助かった」とは言っても「奇跡的に死んだ」とは言いませんし、「奇跡的に成功した」とは言いますが「奇跡的に失敗した」とは言わないわけです。しかも、〝奇跡〟とは、万が一にも起きそうに無いことよりはるかに起きにくいという意味ですので、めったにお目にかかれないと世間一般では思われています。

しかし、この世の中の出来事は全て自然に調和的に起きていて、人間から見て奇跡的だと思われることも実は必然的に起きているのです。そしてその源にあるのは宇宙意識であり、そこからもたらされる大宇宙のエネルギーであり、それを引き起こす力は〝人間の想念と行動〟にあるのです。

そこでまず、「私は奇跡なんかに縁が無い」という人に登場して頂きましょう。仮にこの人のお母さんが、初潮から閉経までを四〇年間として二八日周期で排卵をしたとします。そうすると年間に約一三個×四〇年間ですから、一生のうちに約五二〇個の排卵をすることになります。

一方この人のお父さんが生涯排出する精子の量を考えてみましょう。成人男性一度あたりの精液の排出量は約三〜五ミリリットルですが、その中には約五億もの精子が存在しているのです。たった一度の排出で五億ですから、生涯を通じて考えると天文学的よりもなお数え切れない数の精子を製造しているということになります。

この天文学的な数字の精子のうち、たった一つが卵子にたどりつきます。つまり、想像もできないくらいのおびただしい数の精子と、五二〇個の卵子が出会う確率の中でこの人は誕生しているわけです。これを〝奇跡〟と言わずになんと言えましょうか。

この世に生命を得たものは、人間に限らず、あらゆるものが奇跡的に誕生しており、これは大宇宙の創造主といわれるものの壮大で緻密な計画であるともいえるのです。したがって、奇跡的に誕生した人間が織り成す行動は、全て〝奇跡〟であると言えますし、全ての現象が奇跡ならば、宇宙意識からみればなるべくしてなった必然的出来事でもあるのです。私たちの生活に起きる〝ミラクルな出来事〟のほとんどは、生命の誕生に比べれば、極めて確率の高い、成るべくして成った必然的な出来事であるとも言えるのです。

人間の武器は〝脳〟である

私たちが生きているこの地球における自然界の大循環は、それは見事なものです。まず、草花や木々が繁殖するとさまざまな虫たちが取り付きます。その虫を鳥類が食べ、それを小動物が襲います。小動物を肉食動物が食べ、栄えてくるとその餌となっていた草食動物が少なくなり、肉食動物が飢えや病気や争いのために死に至ります。その屍は虫や土壌の栄養になり、草花や木々を育て地上に緑をもたらします。

このような大循環を繰り返しながらも、この地球上には約二〇〇〇万種類もの生き物が存在し、しかもそれぞれがその独特の生活方法や生殖方法をもって、自らの子孫を繁栄させているのです。それぞれの持つ特徴的な能力は筆舌にし難いほど繊細で緻密で、しかも壮大な宇宙のリズムに合致した素晴らしいハーモニーを奏でています。

では、宇宙の創造主が自らの姿に似せて作ったと言われることもある人間はどうでしょうか？庄内平野にある私の実家では農業をやっていましたが、牛を何頭も飼っており、私は子供の時から堆肥の運搬や乳しぼりをやり、牛の出産にもよく立ち会いました。牛の赤ちゃんは、生まれて数十分後にはヨロヨロしながらも立ち上がり、母親の周りを歩いています。数日もすれば、敵に襲われても走って逃げられそうなくらいです。

その一方で、人間の赤ちゃんは生まれてから約一年の間も立つことができず、母親の世話になりっぱなしで、十年経っても危なっかしい感じで生きています。そんな人間が、この地球を一応支配していることになっているわけです。あらゆる生き物が、それぞれの持つ特徴的な能力を使って生きているわけですが、人間には一体何があるのでしょうか？

人間にはモグラのように土に潜って土壌を耕す能力はありません。魚のように何時間も水中を泳ぎ回ることもできなければ、鳥のように大空を飛ぶこともできません。ライオンのような鋭い牙も、熊のような鋭い爪も、馬のような俊足も持っていません。では人間には一体何があるのでしょうか？　それは、他の生き物には見られない、身体の割合にそぐわない巨大な脳を持っていることに他なりません。

他の生き物と違い、脳が大きいという特徴があるならば、その巨大な脳を使って生きるということであり、それ以外に生きていく方法はないのです。他の生き物がその特徴的な能力によって繁栄しているように、人間は巨大な脳を使って繁栄していくしかないのです。人間にとって〝脳〟は特徴であり、最大の武器であり、脳を活用する以外に道は無いのに、さまざまな問題が起きても使わずに宝の持ち腐れにしている人が実に多いのです。

あなたは宇宙でナンバーワン

それでは、人間の特徴であるこの巨大な脳は一体何に使われれば良いのでしょうか？

ここに一匹の蜂がいます。彼女（働きバチは全てメスです）は甘い蜜を求めながらも、自分の身体にくっついた花粉を花から花へと運び、動けない草花のために役立っています。地中のミミズは土の中にある栄養を採りながら、バクテリアや空気を地中に取り入れ、土壌の良化や植物の成長に役立っています。こんな小さな虫たちにも果たしている役割があるのですから、私たち人間にもきっと、この地球に果たすべき大きな役割が存在するに違いありません。

私たち人間の身体には、およそ六〇兆もの細胞が活動しており、細胞を統制する細胞核には何千もの遺伝子があり、その本体がＤＮＡ（デオキシリボ核酸）という分子です。ＤＮＡはらせん階段のようになっていて、Ａ（アデニン）・Ｇ（グアニン）・Ｃ（シトシン）・Ｔ（チミン）という四種類の踏み板（塩基）が付いていると考えられます。この踏み板の配列がその人の形体や内容を決定づけるのですが、このらせん階段を伸ばしたとすると、地球から太陽への往復八〇〇回分の距離になり、その中に個性が存在することになります。

この遺伝子の解明さえおこなわれれば、一本の髪の毛やわずかの皮膚からもその人の特徴を判定することが可能となり、現在ＤＮＡ鑑定として犯人探しや親子の認定に取り入れられているわけです。親子や兄弟が良く似ているのは、この塩基配列の結びつきパターンが良く似ているからなのですが、親から子へ情報を伝える時にその内容が微妙に異なってしまいます。途方もない長さのDNAの中での塩基配列の組み合わせの違いによって、同じ両親から五つ子が誕生しても良く見ると個性が出ているのです。

双子においてすら顔が異なり指紋が異なるということは中身が全然違うということであり、それぞれ個性溢れた人間ということです。DNAの膨大な遺伝情報によって異なる人間一人一人は、この世にたった一人の存在であり、すなわちそれは世界一、宇宙一の人間であるといえます。もし「私は世界一、宇宙一の人間だ!」と思えない人でも、少なくとも「私という人間を研究し進化を見とどける、宇宙唯一の人間」であることは間違いのないことだと思います。

天命・天職を探す方法

自然界を見ますと、この世に生を享《う》けた全てのものに何らかの使命があり、存在の目的があるように思えます。しかも、それぞれにそれを成し遂げる能力も備わっているいるように思えます。人はそれを天命とか天職とか呼びますが、「天命」はやや能動的で「天職」はやや受動的な気がします。しかしどちらにしろ、宇宙意識と深い関わりがあり、高貴無限な響きを感じます。

この世に生を享《う》けながら自分の天命や天職を見出せず、右往左往してさ迷い歩き死んでいく人は、大変不幸だと思います。逆に、途中で矢尽き刀折れ力尽きて死んだとしても、天命・天職を果たす道のりの途中であれば、それは幸福な死であると思います。しかし、辺りを見回してみると、自分の天命・天職を見つけ出せないまま、不平不満をつのらせ他人に振り回されている人がほとんどのような気がします。

幸いに私は半生を思うがままに生き、難問のそれぞれを解決し、芸術家や治療師の育成に関わってきました。〝整体〟や〝リンパ治療〟やそれらを〝フィジカルセラピー（身体総合療法）〟として集大成できたことは、私の天職です。さらにこの『宇宙につながる運命の金の糸』を地球の人々に伝えることが私の天命であると思い、ライフワークとして取り組んで行きたいと思います。そこで、天命・天職を見つける方法を私なりに考えてみました。

①自分にしかできないこと

まず己を知ることだと思います。他の人と比べて自分は何が優れ、何が好きで、どういう性格かなど分析しなくてはなりません。周りの人と比べても余り特徴がないという人でも、それぞれが生まれてから異なった道を歩いてきたわけですから、他の人とは異なった体験をしてきているはずです。

例えば、私の勤務先は美大なので、学生のほとんどは芸術家を目指して集まってきています。つまり、周りの学生は似たような経歴を持ち、同じような夢を持って勉強しているわけです。でもそれまで通ってきた体験の違いによって、同じ写真専攻でも自然を撮りたいとか、人間を写したいとか、スポーツ関連の写真家を目指すとか、報道カメラマンになりたいとかさまざまな分野に分かれるわけです。さらにその分野の中でも細かなジャンルに興味を持って細分化・専門化していきます。自然を撮りたいと思う人でも、草花や木々を撮りたい人、海山川の風景の好きな人もいますし、山といっても富士山だけ一年中撮って写真集を出している人もいるのです。

自分にしかできないことを作り出すこともできます。それは、二つ以上のジャンルをミックスして自分がオリジナルな存在となることです。例えば私は、東京整体療術学院を卒業する時に五十嵐清守院長に「大学の体育の先生で本院を卒業するのは先生が初めてです」と言われたのがきっかけで、スポーツと整体をミックスして『スポーツ整体』を旗揚げしたのです。

ちょうど四〇年前の話ですが、写真専攻でスキー部の学生がいました。折りしも札幌オリンピックがあったので見に行くように勧めました。彼はスキーが大好きなので、オリンピックの大回転のシャッターチャンスを押さえるのが適確で、結局彼はスキー競技専属カメラマンになりました。彼の場合は写真とスキーという組み合わせでしたが、自分の性格や経験を分析し己を知り、他の人には無い複合的な組み合わせをして、自分にしかできないことを見つけてください。

②心が騒ぐこと

現代人は、太古に備わっていた直観力やテレパシーや危険予知能力といった能力を、何処かに置き忘れてしまったようですが、イザという時には誰でも火事場の馬鹿力のように発揮することができます。そのような能力の存在を信じ、少しずつでも開拓していけば、日常生活においても諸能力が有効に使用できるようになるはずです。

一般の人が驚くようなとんでもない力でなくとも、直観的または潜在意識からのフィーリングを感じてみましょう。あなたは恋をしたことがありますか？ 恋をしていると他のことに気が行かなくて、その人のことだけ考えています。いつも気にかかる、進むごとにわくわくする、食事や睡眠なんか取らなくても平気。どんな犠牲もいとわずに、つい時間を忘れてやり続けたいのが〝恋のような天職〟なのです。

一〇〇年以上前に、世界中で一〇〇〇万部売り上げたオリソン・マーデンの『前進あるのみ』の主題は「自分に合う願望目標の発見にエネルギーの八〇パーセントを注ぎなさい」というものでした。皆さんも色々な体験を通し、直観力やフィーリングを通して、心からわくわくする〝恋のような天職〟を探してください。

③世のため人のためになること

これが私の天命だ、天職だと心に決め、これからの生涯をこれにかけようと決めたとします。この天命・天職を全うし、この分野で成功するにはどうしたらいいでしょうか？ とかく成功法則では、願望をいかに達成するかだけに偏り、その質にはこだわっていませんが、実はこの求める願望の性質いかんでは、達成しないか後日失敗することがあるのです。

私の体験からすると、自分にしかできないことで、心がわくわくしても、自分や周りの人が良くなればいいという利己的なことは達成されにくいものです。世界にはたくさんの人たちがいて、さまざまな考えを持ち、日々生活をしています。自分が成功し自分の家族や同族や会社が豊かになればいいという考えは、他人のねたみ・そねみ・恨みと言う巨大なエネルギーによって妨害または破壊されてしまう危険性があるのです。

もし、まんまと他人を騙し、目を欺き成功したとしても、「誰かが見てござる(イエス・キリスト)」なのです。他の人の潜在意識がそれをあばきだし、真実が世にさらけ出されたり、心の奥の良心の呵責が目に見えない波動となり、本人の健康を阻害したり、次の事業に失敗したりします。愛する家族が不慮の事故に遭うことさえあるのです。

「天職」は必ず世のため、人のためになるものを選ばなくてはなりません。世のため、人のためになる「天職」であれば、どんな職業でもどんな行為でも宇宙意識にマッチし、宇宙意識が注がれて後押しを受けられ、人々の援助も受けることができます。また、人々にその時は理解されなくとも、少なくとも自分自身の心の中に、〝世のため、人のため〟になっているという誇りと自負が現れ、天職の遂行に邁進できるパワーを得ることができるのです。

天職を全うするために

これが私の天職だ、これに自分の一生涯をかけようと決めたとします。この天職を全うし、できればこの分野で世のため人のためになり成功するにはどうしたらいいでしょうか？　それは人間の特徴である巨大な脳をもっと〝毎日使い〟、地球人があまり使っていない〝潜在意識〟も使用することです。

通常地球人は、脳を二〜三パーセントしか使用していないとされています。まずこれをたった一パーセントでもいいですから増やすようにしてみます。具体的にどうするかというと、今までおこなっていなかったことを生活に取り入れるのです。語学を習い始めても、新たな趣味や、やりたかったスポーツをやりだしてもいいのです。手帳やノートに道端の草花をスケッチすることもイメージングの練習になります。

できれば自分の天職に有意義だ思われる他分野の勉強がいいかもしれませんし、それに関わる人を探して会いに行き、話を聞くだけでも脳を使うことになります。書店に行き、自分は普段絶対行かない分野のコーナーへわざと行ってみて、自分の天職との関わりや逆にその違いを認識することも脳を使うことになります。コンサートや集会などといった年齢の離れた人たちが集まる場所に参加して、その雰囲気を感じるだけでも脳の刺激になるはずです。

次に、潜在意識の訓練をし、天職の遂行に活用しましょう。潜在意識は生命力の源泉であり、本能的に命を守ります。そして誕生から今日までの全ての体験を記憶しています。受け継がれてきた細胞には、父母や祖先の歴史まで蘇らせることができるものも存在しています。

一度催眠術にかけられた女性の行動に立ち会ったことがあります。催眠術をかけられ「1から9までの数字を、最高に綺麗に、なるべく早くこの黒板に均等に書きなさい！」と指示されました。すると彼女は、あっという間に黒板の幅を計算したような均等な大きさの数字を1から9まで書き、しかもその字体はカレンダーの字のような綺麗な数字だったのです（35ページ参照）。彼女は私の知人で、普段は字が下手な方だったのですが、催眠術をかけられてから書いた字は潜在意識から出たパーフェクトな形だったのです。

私は大学の学期始めに、必ず次のような話をします。

「授業が休講になったら、図書館に行って、何でもいいから本を読みなさい。学校が休みになったら美術館へ行って、他の人の作品を鑑賞しなさい。顕在意識（左脳）で記憶できなくても、右脳では見聞きしたもの全てを記憶している。大学で課題が出た時や、自主制作展・卒業研究の時だけでなく、将来の個展や作品発表や、会社での仕事の時に必ずアイデアとして現れるから」

頭が悪いとか、成績が悪いとか、記憶力が悪いと自分を評価しているのは、ほとんど左脳による顕在意識のレベルのことであり、本当は誰しも記憶力パーフェクトな右脳を持っているのです。しかし、この地球においては右脳の使い方を赤ちゃんの時から教わっていない人がほとんどで、右脳の働きに気がついた人、右脳を使うことに自ら目覚めた人やその様な機会を得た人、さらに右脳教育を受けた少数の人たちが地球上で大活躍してるのです。自分の天職の遂行のためには、顕在意識をもう少し活躍させることと同時に、潜在意識の開発に取り組み、その巨大な力を利用すべきだと思います。潜在意識のフタが開かないと、今まで通り顕在意識の範囲内だけの実力しか出すことができず、天職のレベルダウンや遂行の完成が遅くなるかも知れません。

私の教え子で、一年生の秋に書いたマンガが集英社の佳作になった波多野三代さんは、右脳開発の結果潜在意識のフタが開き、受験勉強時代の記憶がよみがえり、数ヶ月後の共通一次試験に右脳から左脳への橋渡しが功を奏し、見事芸大に合格しました。私たちは、左の目を通して伝達されたものは、右脳に全て蓄えられており、左脳との橋（脳梁）が開通するといくらでも必要な記憶を引き出すことができるのです。

この本では、本論が願望達成目標を毎日「見る」「言う」「聞く」そして「感じる」ことをおこなうように勧めていますが、その目標達成だけでなく自分の右脳開発をおこない潜在意識のレベルを高めたい時は、特別な訓練ではなく、**日常生活の中で自分で工夫していく**ことが長続きする秘訣です。例えば、今日はどちらの道を歩いてみようかとか、どのお店にしようかとか、電車の目の前の人のうち誰が一番早く降りそうだとかを直感で判断します。それが良い結果だった場合は、（私の場合）手帳の右側に書いて○で囲みます。どんどん手帳の右半分の丸が増えていくことで、自分の直感力がアップしているのがわかります（48ページ参照）。

体験（EXPERIENCE）

過去の成功体験を人生の糧とせよ

社会人として働き出すと、誰にでも背水の陣をしかなくてはならない場面に追い込まれることがあります。『ミラクルワード』を出版して以降、さまざまな所で講演をする機会も増えました。日本心霊学会や日本サトルエネルギー学会など私など足元にも及ばない専門的な所が主催する講演会や、四〇〇人も集まったプリンスホテルでの講演会などで、よくも図々しく話ができたものだと思います。

私は一九四八年（昭和二三年）一二月六日に山形県の庄内町の農家の長男として生まれました。子供の頃は数人の若い衆がいて、いろりに天井から大きな黒いナベがつるされていて、家中が真っ黒でした。お風呂は下駄を履いて入る五右衛門風呂で、洗濯はたらいに洗濯板を入れて真冬でも手洗いでした。食事は朱塗りのお膳が子供たちにもあり、正座をして食べたものです。

私の曽祖父は、家や神社の漆《うるし》塗りを始めて一代で財産を築き、町の何処からでも見えるような高い大きな平屋の家を建て、田畑も数十町歩持っていたようです。ただし、農地改革で田畑は小作人に安い値段で売られてしまい、子供の頃は二〜三〇枚の田んぼに良く農作業に連れていかれました。田植え、雑草取り、稲刈りの手伝いで農作業のノウハウは結構身につけて、現在でも自宅周囲に植えた実になる植物の成長には愛情を注いでいます。

伯父が剣道をやっていたので、小学校四年生から剣道をやらされました。正月明けに寒稽古があり、夜の雪道を一人で歩いて行くと酔っ払いのおじさんにからまれ、逃げながら小学校の古い体育館についても誰もいなくて、真っ暗で怖くて「なんと私は気の弱い男なんだろう」と思ったものです。

余目《あまるめ》中学一年生の時、担任教師から弁論大会に出場するように言われました。理由は声が甲高く良く通るからということでした。当時町会議員だった伯父にその話をすると、「私が特訓をしてあげる」ということで、家族の前で練習をしました。

弁論大会当日、喉はカラカラ膝はガクガク震え、心臓は高鳴り、「これは駄目だ」と思っていたのですが、自分の番になり名前を呼ばれた途端、心がスーッと落ち着きました。伯父に習った通り「余中全生徒諸君！」ドンと演壇の上をこぶしで叩きました。当時クラスで一番小さくて、演壇からやっと顔を出している美少年（？）が、大人の演説動作をやったのです。一瞬シーンと静寂が、やがてどよめきと猛烈な拍手の嵐となり、大人の身振り手振りで「〜ではないか？」と声を張り上げる度に会場は大騒ぎで、結局優勝してしまったのです。

酒田東高校に入学すると、日本体育大学を卒業した体育の先生がいました。先生は体操部の顧問で、私のクラスの体育担当ではなかったのですが、ときどき代講に来ていました。ある日の体育の授業の時、先生はいつものように準備運動の時に逆立ちをやってみせて、生徒にもやらせました。その時たまたま他の生徒より長く止まっていた私に、「この高校で国体・インターハイに行けるのは体操部だけだ」といって体操部に入部するよう勧めました。クラスで一番小さかった私は、体操部なら活躍できるのではと考え、先生の誘いに乗ることにしたのです。

私がやっていたのはいわゆる普通の体操ではなく、六人が組んでアクロバック的な体操をやる〝団体徒手体操〟という競技でした。しかし、山形県内には数チームしかなく、それもあって優勝しインターハイに行くことができました。また、二年生の時におこなわれた岐阜国体でも、出場が決まった選手がケガをしたため、代わりに私が出場することができたのです。

実際は他の部活動も盛んで、体操部だけが全国レベルというわけではなかったのですが、結果的に先生の誘いに乗ったおかげで全国大会に出場することができたのですから、先生の言うことを信じて正解だったと思っています。

高校三年の秋に柔道大会がありました。身長が一七四センチメートルに伸びていた私は、クラスの代表選手に選ばれてしまいました。当日、やはり朝からドキドキしていましたが、試合になると不思議に落ち着きました。何回戦も相手が自滅するような形で勝っていくのが不思議でした。最後は優勝候補の男性だけのクラスで、しかも私の相手は元柔道部の選手で、誰もが私が一本負けを喫すると思っていました。

何度も危ない目に会いながらも投げられず、引き分けとなり、結局我がクラスに優勝をもたらしたのです。決勝戦で対戦した彼は「何度も背負い投げをかけたけれども、なんだか足に根が生えたみたいで投げられなかった」と言っていました。私は、「彼は元柔道部なので格好いい投げ方で自分を投げようと思ってくるだろう」と予測し、背負い投げだけを読んで対処しただけなのですが。

どんな人にもイザという土壇場に立たされる場面が必ずあります。その時に逃げたりせず、腹を決めて階段を一段登れば、潜在能力が引き出され必ず成し遂げることができます。

その時に、自分を奮い立たせる二つの方法があります。一つは、自分の血縁や親戚や先輩の中にいる成功者を思い浮かべ、自分もその血がつながっているとか同じ環境にいたのだから大丈夫だと思うこと。もう一つは、過去の成功体験を思い出し、あんな小さい時にできたのだから今回も成功すると思い込むことです。

人間には棺おけに片足を突っ込んでもなお、さまざまな問題が発生します。私に今後難問が立ちはだかった時は、潜在能力を信じ、一代で財を成した曽祖父の〝血〟と、中学校の弁論大会や高校の柔道大会に優勝した〝成功体験〟を思い出して奮起していこうと思っています。あなたも「ネバー・ギブアップ！」でチャレンジしてください。

根性が評価され、有意義だった学生時代

以上の成功体験をしたことで、私は体育の先生を目指すことにしました。小学五～六年生の時の担任、中学校三年間の担任も偶然体育の先生で、それぞれに大変可愛がって頂いたせいもあると思います。

体育教師を目指すべく日本体育大学に入学が決まり、地方出身の私は紆余曲折を経て大学学生寮に入寮することになりました。

第一学生寮には私と同じ一年生が六〇〇人入りました。全員五厘刈りの丸坊主なのですぐわかります。寮の決まりとして、髪を少しでも伸ばした先輩には何度会っても会うたびに挨拶しなければなりません。私が入部した体操部の場合、よりによってその年だけ二年生が一年生の倍の人数いたため、いつも二倍の先輩方に監視されました。新入生歓迎会や何かの行事の後の飲み会では、ブリキの食器に日本酒をつがれ、トイレとの往復を繰り返したことで、お酒も強くなってしまいました。

先輩から説教を受けるときは、鉄筋コンクリートの床の上で正座をさせられるのですが、剣道

をやっていたせいで正座は平気でした。そして、反発の意思を込めて人一倍でかい返事をしました。ところが、その態度を見た先輩方から「佐藤は根性がある」と評価され、部内で二人選ばれる寮委員として、在学中の四年間寮に残ることになりました。一ヶ月七千円で三食食べられたので、親孝行したことになります。四年間学生寮にいたおかげで多くの先輩に鍛えられ、また、多くの後輩の面倒を見て過ごし、大変有意義な学生生活でした。

ミラクルな就職

その当時、日本体育大学の卒業生といえば、ほとんどが体育の教員かスポーツ関係者として活躍をしていました。山形県の教員採用試験の最終試験である面接で落ちた私は、恩師の紹介で東京造形大学の採用試験を受けることになりました。

母校日体大に副手（助手の下の身分）で残る話も出たのですが、当時日体大はほとんど給料が出ない状態で、これ以上親に仕送りをしてもらうわけにはいきませんでした。安いながらもまだ造形大の方が給料が良かったのです。しかし数年後、日体大に教員組合ができて、私学ではトップクラスになったのですが、今の私の仕事や自由な啓蒙活動の状況を考えると、母校にいたらふんぞり返ったまま生涯を終えていたのではないかと想像でき、この選択は正しかったと思っています。

創立者で理事長で学長だった桑沢洋子先生が、ご自分が病気を抱えていたせいか、芸術家の健康教育に大変熱心でした。始めてお目にかかったときも「これからの芸術家は、健康的でなくてはなりません。佐藤先生、造形大の学生をよろしくご指導ください」と言われたのです。

しかし、当時の東京造形大学の教員の雇用状況を後日聞いてみると、私が勤務できる状況ではありませんでした。造形大は当時一学年三五〇人という小さな単科大学で、体育系の専任教員はせいぜい二人という枠でした。にもかかわらず。当時の造形大には、体育系で既に四人の専任教員がいたのです。

しかし、ミラクルに時運が味方をしてくれました。その頃、造形大にも学生運動の波が押し寄せていて、学生課長をしていた先生が、学生課員を兼務とした体育教員を学長に要望していたのでした。またそのうち一人の先生が産休を控えていたこともあり、その代わりという事情もありました。その後産休の先生が復帰して、保健体育教員が五人という定員オーバーのままの状態が数年続きましたが、学生運動の混乱状態や後処理のために問題にされずにすみ、その後、一人が定年、もう一人が高校に転職され、専任教員が三人になったことで、結局ずーっと私は造形大に奉職することになったわけです。

留学の実現も奇跡的だった

造形大の教員になってから三年後、私が26歳の時に一歳年下の女性と結婚しました。それが妻の正子です。彼女は同郷で日体大でも一期下の後輩だったのですが、実は高校時代に偶然出会っていたのです。

私が高校三年生の時に岩手でインターハイがあり、団体徒手体操競技の県代表として出場しました。その帰りに、私だけギリギリで急行に飛び乗ったところ、体操部の顧問の先生も部員も見つからず、偶然同じ急行に乗り合わせた新体操競技の代表校・鶴岡北高校の先生に助けを求めました。県の強化合宿などで一緒に練習する機会もあったので、先生とは面識があったのです。先生は「一番後ろの車両ににみんないますよ」と教えてくださったので行こうとすると、先生や部員たちに引き留められ、長話になりました。その中に、当時高校二年生だった彼女もいたのです。

私が日体大二年の時に、彼女も一年遅れで体操競技部に入部してきました。高校時代から私に憧れていたという彼女は、結局私と付き合うことになり、後に結婚することになったわけです。

卒業後、私は東京造形大学に、妻は神奈川県下の中学校に奉職しましたが、妻は第二次反抗期の中学生に手を焼いて三年で退職しました。

妻の夢は、西ドイツ（当時）に体操留学することでしたので、私も彼女の夢に付き合うことにしました。しかし、留学するにしても貯金は全くありません。そこで、妻が退職後にトレーナーのアルバイトをしていたホテルオークラ東京のヘルスクラブで、私も日曜日だけ働かせてもらうことにして、留学資金を貯めていました。

そんな折、ミラクルが起きました。学園紛争の後、新しい学長が着任しました。新学長の挨拶の中で「これからの若い先生は、外国へ行って勉強しなさい」と言われたのを、私は聞き逃しませんでした。すぐに学長室に行き、留学の希望とお金の無い事情を話したところ新学長は、全く例外として、給料を頂きながら留学できるように取り計らってくれたのです。留学中は、毎月給料を西ドイツの銀行に知人から振り込んでもらい、生活していました。

そして私たちが留学から帰った翌年、学長は辞職されました。まるで私の留学の手助けのために学長になってくれたのかと思いました。その後、造形大において給料を頂きながら留学した教員は、今日まで一人もいないのです。

JAGY《ジャギー》の大ブームと自分たちのスタジオ

私たちの留学の目的の一つに、欧州で「ジャズ体操・ジャズダンス」が流行っているらしいという情報があり、それを直接体験したいというのがありました。西ドイツ（当時）でそれを学んできた私たちは、帰国するやいなや日本中のさまざまな団体からの講習の依頼を受けるようになり、ほとんどの日曜日が講習会で埋まりました。初めの頃は、私が講義をし妻が実技をするパターンでしたが、人前で話すのが苦手だった彼女がだんだん話すようになり、しまいには私が止めろというサインを送るまで、話が止まらないくらいになりました。

私たちは西ドイツで学んだ〝Jazz Gymnastik〟を「ジャズ体操」という体育用語ではなく愛称『JAGY《ジャギー》』で拡め、日本のカルチャー文化の草分けになったのです。テレビ、ラジオ、新聞、女性週刊誌のほとんどの取材を受け、『JAGY BOOK』（ブロンズ社刊）という本も刊行しました。


その後私たちは、ジャギーウェアをデザインしてくれたデザイナーさんの紹介で、渋谷東急本店に教室を持つことになりました。ところが、床にじゅうたんを貼ってくれたためにほこりが舞い上がり、生まれたばかりの息子の健康のために良くないと思い、妻は近くにマンションを借りようと言い出したのです。

連日近くのマンションを探し歩いた私は、東急本店裏の松濤町の建築中のマンションに目をつけました。何故ならそこは一階が郵便局で、大変便利であると思ったからです。

ただしそこは、貸しマンションではなく売りマンションでした。そこで「頭金も無いけれど、私は大学の先生なんだから信用して欲しい！」と言って無理やりローンを組んでもらい、家賃を払っていればいずれ自分のものになると思いました。当時私たちは、八王子市の松が谷団地に住んでいたのですが、事務所兼宿泊所を渋谷の一等地、松涛町に持つことになったのです。価格は一六一〇万円でしたが、これが後日研究所を持つことに貢献してくれたのです。

1982年にスイス・チューリッヒ市で開催された世界体操祭「ジムナストラーダ」（世界体操供覧大会＝世界の体操とダンスの発表会）に、日本ジャズ体操指導者連盟が出場しました。この団体は、妻のお弟子さんたちが彼女のジャズ体操を拡めるために結成したもので、会長には日体大の先輩で当時日本体操協会の一般体操委員会の新井郁江先生にお願いしました。

東洋医学の原理を取り入れたジャズ体操は、その大会でセンセーションを巻き起こし、ヨーロッパのテレビや新聞や本にも大きく報道されました。さらに、翌年のドイツ体操祭の開会式の模範演技に招待されてしまいました。連盟の会員たちは二年連続で海外には行けない人が多く、今度は「マサコ・ジャギー・スクール」チームとして出場しました。開会式はスタジアムでおこなわれ、約八万人の前で日本人として初めてのデモストレーションをおこなったのです。

このように、世界中の体操とダンスの指導者や愛好者に感動を与えた日本のジャズ体操でしたが、連盟の中には動きの探求よりもっと楽しく一般向けでいいのではないかと言う人たちが現れました。また、妻自身もジャズ運動に囚われず、それも包括した〝自然運動〟という宇宙的・自然的な運動の追究に意識が向くようになっていたのです。

一九八七年にデンマーク・ハーニング市で開催されたジムナストラーダでは、日本ジャズ体操指導者連盟として一〇〇名が出場しましたが、妻の指導する芸術的な作品と、一般向けの作品の二部構成となりました。帰国後、妻の指導を受けたい人たちは「全日本自然運動連盟」を結成し連盟が分裂する形になったのです。

さらにもう一つ、とんでもないことが起きていました。渋谷の東急本店の隣に東急文化村建築構想が持ち上がり、本店内のジャギー教室が閉鎖することになったと通告されたのです。これによって、私たちは必然的に自分たちのスタジオを持たざるを得ない状態に置かれました。

しかし、「自分たちのスタジオを持つ」――それこそが、私が四年前に立てた「願望達成ピラミッド」の最初の願望だったのです。

といっても、スタジオは都内に欲しかったので、そう簡単にはいきませんでした。しかし懸命に探した結果、JR大久保駅徒歩一分にあるビルの地下一階を借りることに決めました。地下なので大きな音を出しても良く、最高の条件です。

しかし、問題は保証金と、ガラ渡しなので内装費を工面しなくてはならないことでした。そこで保証金は銀行から借用し、内装費は松涛町のマンションを売りに出すことで工面したのです。当時はバブルの真っただ中で、私たちのマンションは約二倍の価格になっていました。そのせいかなかなか売れず、支払い期限が近づいてきました。

私は毎日目標ピラミッドを眺め、口で叫び、イメージングを続けました。それしかなす術が無かったのです。そうしていると、期限ギリギリでやっとマンションが売れ、私たちの〝自然運動健康研究所〟が北新宿に誕生したのです。

その後、バブルははじけ、マンションの価格は暴落しましたので、まさにミラクルなタイミングだったのです。

スポーツ整体を天命とする

全日本自然運動連盟が結成されてからも、四年ごとに開催されるジムナストラーダには日本代表として出場し続けました。ただ、発表の内容的には、東洋医学の原理に基づいた作品を必ず加えるようになりました。

そうすると、どうしても経穴（つぼ）や経絡、腹式呼吸とか気功法といった東洋医学に関する勉強をせざるを得ません。

私は、ジャギー、自然運動の普及の過程で、数人の民間治療家の方々と会う機会があり、整体師になりたいと思うようになりました。さまざまな整体学校のパンフレットを比べてみて、直感的に「東京整体療術学院」に決めました。他の学院の院長はここの五十嵐清守院長のお弟子さんだった人が多く、また、先生は中国の複数の医薬大学の名誉教授や客員教授として「整体」を中国に逆輸入していたのです。

学院では、基本技術と専科という特殊な施術方法を学びました。日曜ごとに卒業生たち（整体院を開業している人たち）がやってきて、私たち学院生と施術をし合うのですが、先輩たちの施術は結構強くて痛いのです。私は、痛くなくて効果がある方法がないかと考えました。そのためには、与える力を半分にし、時間を二倍長くおこなえば仕事量は同じになるという結論を得たのです。私の施術で眠ってしまう人もいることから、自分の整体法を「半眠自然整体法」と名乗ることにしました。

学院を卒業するにあたって、五十嵐院長が「大学の体育の先生でうちの学院を卒業したのは、佐藤先生が初めてだよ」と言われたので、私は何か天命を受けた感じがしました。私は、自分の専門分野の体育と整体を結びつけ「スポーツ整体」の研究を始めました。大学生や教職員の人たちで身体の具合の悪い人たちは大勢いましたので、「整体施術します。無料・予約制」の張り紙を研究室のドアに貼るや否や、大勢が詰めかけました。痛くない治療は人に喜ばれるという確信を得てから、八王子の自宅と大久保の研究所で一般の人たちに施術しだしたのです。

そうこうするうちに、私の整体術を習いたいという、体育の先生やコーチ、治療家の人たちが増えてきましたので、本を出そうと思い原稿をワープロ（その頃パソコンは持ってなかった）で打ち始めました。

その原稿は、一九九四年に『スポーツ整体・家庭整体』（ベースボールマガジン社）として出版されました。おかげさまで好評だったため増刷を繰り返し、二〇一二年の一月には二五刷を記念して、『身体総合療法　フィジカルセラピー』と改題した改訂版が出ました。この本は、これまでの整体中心の内容から、新規にバランス療法、リンパセラピー、手当療法、リンパ整体、リンパテーピングなどを加え、私のこれまでの治療法の集大成となったのです。

生活（ＬＩＦＥ）

石の上にも三年、習うより慣れろ

よく自己紹介の時に「私は運動音痴で！」とか「運動神経がゼロで！」とか言う人がいます。特に私の勤務先は美大なので、運動にあまり自信の無い人が多いようです。でも私は「皆さんはすごい運動神経を持っているんですよ。もし運動神経がゼロなら、子供の時に階段から落っこちたり、車をよけ切れずにぶつかって、ここにはいません」と言っています。

このような誤解は、スポーツが不得意なのと運動神経とを結び付けているからなのですが、そもそも「スポーツが不得意」というのは、実際どういうことなのでしょうか？　その原因を私は、単に「体験するチャンスが少なかった」と考えています。

例えば、ゴルフの石川遼選手や宮里藍選手。若いけど誰でも知っているゴルフ界のホープである二人の共通点とは、いったいなんでしょうか？　それは、子供の時からゴルフの練習をする環境にあったことと、周りの大人たちに「うまいねー」「すごいねー」と褒められたことです。もちろんどんな試練が来ようと、辞めずに継続した忍耐力の賜物でもあります。

私たち夫婦は二人とも日体大を卒業しているので、スポーツ界での努力の成果を数々目の当たりにしてきました。その上で思うのですが、神様の判定は正しくて、ほんのわずかの努力の差で金メダルと銀メダルを分けているのです。

もちろん人間それぞれ個性がありますから、体型や体格その他で得手不得手はあると思います。ただ運動機能という観点においては、障害がない限りは誰もがパーフェクトであるはずなのです。ですから、仮に今日から毎日三年間一つのスポーツの指導を受け続ければ、プロとしては難しくともそれなりに選手としてはやっていけるレベルになるものです。もちろん始めた年齢が若いほうが結果は出やすいと思いますが。

例えば運動神経が鈍いといわれる造形大の学生でも、朝から晩まで野球をやっていれば美大リーグ（関東の五つの美大のリーグ戦）に出場してそれなりの成績を上げられますし、将来草野球で十分活躍できるレベルくらいにはなり得ます。

二〇数年前の話ですが、造形大に脚の不自由な学生が在籍していました。彼は在学中にスキーに目覚め、毎シーズン何ヶ月もゲレンデに通っていました。そこで、三年生の時はスキー実習の指導助手をしてもらいました。私はスキー一級なのですが、私よりものすごいスピードのウェーデルンで坂を滑り降りていったものです。脚が不自由でも努力次第でスポーツを楽しめる一つの例です。

「石の上にも三年」「習うより慣れろ」と言いますが、これはスポーツに限ったことではありません。何の分野でも三年間そのことだけに集中しておこなうと、一人前にだってなれます。

例えば、語学が不得意な人でも、単身赴任でよその国に行かされれば、生活のために日常会話くらいは話せるようになります。どんな人も、右脳的に言えば三か国語ぐらいは話せて当然なのです。ですから、どんなことでも食わず嫌いにならず、何でも可能だと思い込んで三年間チャレンジしてみてはいかがでしょう。

「明日やろう！」は馬鹿野郎

私は、授業の始めにミラクルワードのほかさまざまな言葉を黒板に板書します。毎年最終の期末試験の際に、授業の感想文を書いてもらうのですが、それによると学生たちから人気のある言葉の一つがこれです。

私はいつも小さな手帳を持っていて、思いついたことや誰かの気に入った言葉をパッとメモする習慣があるのですが、これは数年前のテレビドラマで渋い俳優・夏八木勲さんが言っていた一言でした。

誰でも、人を恋し愛する体験をして悩み、叶わぬ恋とあきらめた記憶があると思います。特に若い頃は好きな人に心を打ち明けられず、自分の弱い心を悔やみながら、どうせ打ち明けても私なんか断られるに決まっていると自分に心の足かせをはめ、あきらめて何年間も何十年間もその人に思いを馳せながら過ごす人も多いのです。

去年の東京での高校の同期会に、卒業以来初めて参加した私の親友が、盛り上がった会の終了前に私に興奮気味にこう言いました。

「佐藤、俺Sさんを好きだったんだよ。俺、今日彼女に告白したよ。『俺、貴女のことを高校の時好きだったんだ！』って」

Sさんは皆が憧れていたマドンナ的存在でした。

「それで、Sさんどうだった？」

「『そう、ありがとう』って嬉しそうだった」

授業ではこの例を出して、私なりの考えを話しています。

「もし今好きな人がいて何も手がつかない状態ぐらい好きだったら、今日告白してみなさい。佐藤先生の授業のせいにしてもいいから電話しなさい。『今日は予定がある』とか、『相手の気持ちがわからない』とか、例えば女の子だったら『女の子のほうから告白するのはおかしい』なんて理由で『明日にしよう！』などと思っている今日の夕方、合コンで彼（彼女）に素敵な恋人ができてしまうかもしれないいんだぞ！」

そう言って、学生たちを脅かしています。

今日告白してOKだったら人生最高のイブニングになりますし、万が一断られても、今日一晩泣き続ければ踏ん切りが尽くし、何よりも勇気を奮って告白した自分の行動に小さな自信が生まれます。そして、明日から、くよくよあれこれ悩んでいたエネルギーを他の分野に向けることができます。かえって、自分にもっとふさわしい人が引き寄せの法則で見つかる可能性だって出て来るのです。

研究やビジネスの世界では、今日やらないで明日まで待ったほうがいい場合もあります。じっくり実験を繰り返し、確信を持ってからデータを作ったほうがいいかもしれません。相手の性格を分析し、家族構成や血液型や経歴を調査してから相手の会社に乗り込んだ方が成功するかもしれません。しかし、ある程度の確信を得たなら、明日まで待つ必要はありません。今日行動を起こすべきです。何故なら、今やシンクロニシティ（同時に起こる）時代です。同じ地球上で同じ波動を感じた人が何人も現れ、同時に似たような発明、発見、発想を得た人がいるかも知れないからです。

「急がばまわれ」「慌てる乞食はもらいが少ない」とか言いますが、私は『急がば最短距離』『慌てる乞食はもらいが多い』と指導しています。このスピーディな時代、もたもたしていると特許を横取りされ、のんびりしてると玄関も門も閉じられてしまいます。

先日、東京アスレチッククラブ（ＴＡＣ）の創業に貢献し、現在まっく体操クラブを経営している向井忠義さん（日体大の四年先輩で「おかあさんといっしょ」の四代目たいそうのおにいさん）の話を聞きました。

　ある時、地方から同じようなクラブを経営したいという会社の社員二人がＴＡＣを訪れて、向井さんが対応しました。クラブのカウンターに置いてあるパンフレットを渡して説明をし、二人はそれを持って帰りました。

　その日の夕方、向井さんが社長にそのことを話したところ、社長はパンフレットを渡したことに対して烈火の如く怒り、二時間も怒りっぱなしでした。向井さんは、そのまま帰宅の足で夜行列車に飛び乗り、朝七時に雪深い冬の駅に降り立ちました。そして朝食を食べ終えると、会社の前で二人を待ち続けました。二人が会社に着くと、昨夕中野で別れた向井さんが寒そうな格好で立っていたのでびっくり。

「一体どうしたんですか⁉」

「いやー、社長からパンフレットを渡しちゃいけないと言われたので、取りに伺いました。すみませんが、お返し願えますか？」

　二人は、大変恐縮しながら渡してくれました。向井さんは、二人からの昼食の誘いも辞退し、すぐその日に会社に戻りました。往復の旅費は自腹で大変でしたが、最短距離の行動を取ったことで、永遠の信頼関係ができたのです。

　よく、ミスをすると、言い訳や言い逃れをして逃げ回る人がいますが、今日中に終わらせたい嫌なことや、今日中に決着をつけたほうが明日楽になると思える直感が沸いてきたら、〝「明日やろう！」は馬鹿野郎〞と唱えて今日中に終えて、後は眠って明日を迎えましょう。

今日は三六五〇〇分の一日

私の父は大正七年生まれで今年九四歳ですが、九〇歳の時、突然東京に出てきて電話をくれました。

「今、東京にいるんだけれど、今日会えないかなー」

「私は今日は授業が手一杯あるので会えないよ。もう少し早く連絡をくれれば、夜だったら時間を作れたんだがー」

「じゃーいいよ。今回は、孫娘たちの視察に来たんで、どっかに宿を取って明日帰るわ」

非常に一方的な電話だったのですが、こんな感じで話は終わってしまいました。


私の父は豪農の次男に生まれ、獣医の資格を取り、第二次世界大戦でもシベリアで獣医として従軍しました。帰国後、私の母と結婚し、庄屋の様な大農の婿として迎えられたのです。

私の父の口癖は「今が一番幸せだ。今が一番いい」というものでした。隣の家の町会議員が病気で立候補できなくなり、八二歳で最年長初当選をして町会議員を務めたときも「皆が私を大事にしてくれて、毎日が楽しい！」と言って、全く飲めない酒もコップ一杯ビールくらいは飲めるようになりました。

九二歳まで、自分で予約して東京のホテルに泊まり、梯子を架けて庄内柿を採り、新聞も眼筋トレーニングのおかげで老眼鏡なしで読み、二リットルのナチュラルミネラルウォーターを持ち歩いて「私は一〇〇歳までは生きるだろう！」と、私の持論を実践してくれています。

地球の自然界に生きている動物は、ほとんどが成長過程の七倍生きています。人間が二〇歳で成長するとして、本来は七倍の一四〇歳まで生きられるはずなのですが、ほとんどの人が八〇歳前後でその命をまっとうするのは、ストレスが原因です。そのストレスは、社会状況であり人間関係であり、日々の想念や運動や食事の習慣でもあります。

私の場合、かなりお酒を飲みますので一〇〇歳まで寿命を達成できるかどうかはわかりませんが、世のため人のためになっていれば神様が一〇〇歳まで生かせてくれるかもしれません。一年間が三六五日として一〇〇年は三六五〇〇日あります。今日、人生で最も不幸な日だと思われる日だとしても、今日は三六五〇〇日のうちのたった一日。今日が過ぎれば、明日からは今日よりも、もっともっと素晴らしい日々が待っているのです。

一日六〇〇回のミラクルワード

一人の人間は一日約六万回思考するそうです。朝起きてから夜眠りにつくまでの、生活に必要不可欠な思考を除いてもかなりの回数の思考をしています。それはほとんど顕在意識での思考なのですが、そのパーセント（パーセンテージ）を一つのことに集中すると潜在意識に伝わる可能性があります。人間の間脳部位の中で、左脳は顕在意識と右脳は潜在意識とつながっており、両者には脳梁《のうりょう》という橋が架かっているからです。

右脳を良く使っていた人は比較的早く宇宙意識とつながるのですが、今まであまり使う機会の無かった人は、まず顕在意識に何度も願望をインプットして、その固定化した思いが右脳の潜在意識に伝わるようにしなければなりません。自分の能力をある程度信じる人で一パーセントの六〇〇〇回、すぐマイナスイメージを抱きやすい人は倍の一二〇〇〇回を目安に、気がついた時に自分のミラクルワードを唱えてください。唱えている時は少なくとも、他のマイナスの思いは浮かばないはずです。

右脳に伝えるためには、一度左脳を使って小さな願望を叶えると自信となり、さらに大きな目標や願望が叶えやすくなります。できれば誰もいない公園や、自分の部屋でミラクルワードを六〇〇〇回唱えてください。ちなみに私はこの本の出版を願い、車を運転しながら「『宇宙とつながる運命の金の糸』出版！　ありがとう！」を何十回も大声で怒鳴ってきました。また、変性意識の作り方（39ページ参照）をおこなった後、肉体がゆったりできる場所でゆっくりと唱え続けるのも確実に右脳に届きます。

私の場合は自宅のお風呂に天然の入浴剤や岩塩を入れて、四一℃くらいの低くて眠くなるような温度にしてミラクルワードを唱えます。私などより、妻や息子のほうが長湯であり、恐らくゆったりとイメージングでもしているのでしょう。妻は、数々の世界体操祭で作品を発表し観客をうならせ、息子は世界中を飛び回り学会の発表で成功をおさめています。

時折、町田市にある天然温泉ロテン・ガーデン（http://www.roten-garden.com/）に行き、誰もいない平日の夕方には大声を出していますが、人が入ってくると心の中で唱えています。唱えるだけの余裕のない忙しい時は、願望達成の進展が止まっているような気がします。

一日一つが一年後を変え、一生を変える

私は五〇の手習いから英会話教室に通っています。もう一二年もなりますが、身についたのは、外人と出会った時に緊張しなくなったことと、「I can't get you！」（あなたの英語はわかりません！）と平気で言えるようになったことだけで、単語も文法も忘れる一方です。その教室でいつも聞かれるのが「What's news？」（何か新しいことは？）という質問です。他の生徒さんは、何処かに行った時以外は「新しいことはありません」と答えていますが、私は無理してもニュースを話しています。

私は大学の「健康科学」の授業で、始めにミラクルワードを一つ黒板に板書します。学生に役立つ講義ができる自信はあるのですが、万が一、一人でも深夜バイトで疲れている人や、体の具合が悪い人や、心配事のある人がいて講義が耳に入らない時に、たった一つでも頭に残るものがあればいいかなーと思って書いています。

日常生活が毎日同じ生活の繰り返しだと思っている人は特に、一日一つだけ役立ったと思えることを探して、そこに焦点を当てると、平凡だと思っている日常生活が楽しくなります。毎日、同じことの繰り返しのようでも、通勤・通学で全く同じ人々に会ってはいないはずです。専業主婦の人にとっても、毎日天気や気温は異なり、空気も風も、飛んでくる虫や鳥、咲く草花の香りもさまざまです。

私は、それぞれの人が自分の人生劇場の中で〝主演男優〟であり〝主演女優〟だと思います。あなたが目をつむれば、全ての現象が消えてしまいます。全ての環境、景色、人々、そして宇宙の天体や太陽までも、一瞬のうちに見えなくなります。どうしてですか？　それは、あなたがこの〝宇宙という舞台の主人公〟だからです。あなたが何かで死んでも、この町も国も地球も宇宙も、全く何の影響なく進んで行くでしょう。それは、あなたが主人公の演劇は終わっても、他の人が主人公の演劇は続いていくからです。

そうであるならば、自分が主人公である演劇の中で、本当に必要なものを一つだけ毎日取り入れるといいのではと思います。例えば、英会話で上達したかったら一日一つの単語を応用文と共に暗記するだけで、一年間で三六五個以上のアイテムを覚えることができます。

小説家を目指している人なら、一日一ページずつ書いていけば一年間に三六五ページの本ができ上がることになるのです。

私は、一冊の本でも、義理で行った美術館の展示や、安い会費のパーティでも、高額な受講料を払ったセミナーでも、自分の大事な時間を使ったのだから、たった一つだけでも自分のためになったと思えることを見つけて感謝し、自分の財産にしたいと思っています。「塵も積もれば山となる」とか「千里の道も一歩から」と言いますが、そんな大げさなことではなく、一日たった一つだけでも自分に役立つ発見をしていくと、毎日が面白いし、何となく過ごしていくより年輪が厚みを増し、そのような一生を送ると大きな大木になるのではないかと思います。一日一つだけならできそうです。全くそういうことに気を向けることができなくて一日が終わりそうなら、この本のどこでも無作為に選んで一ページだけ読んでお休みください。良い夢が見られますように！

五K（関係・教養・工夫・健康・貢献）は同時に可能

私は学生や若い人たちに「今からは何の仕事に就くにしても、車とパソコンと英会話はできないといけないよ」と言っています。

昔、三種の神器といわれた自動車も、右脳を働かせればあらゆることに利用可能だと思います。私は、自動車に折りたたみ式の整体ベッドを積んで、何処へでも出張しますし、退職後の夢は整体ベッドつきの改造車で日本中を周りたいと思っています。先日、金買取センターの女性と話したのですが、「金一グラムから買い取りに車で訪問しています」と言っていました。片方が無くなったイヤリングを自宅まで車で買い取りにいくわけですが、そうするとついでに不要な金の装飾品なども売ってくれるそうです。

先日、大手スーパーの前なのに大賑わいの小さな酒屋さんがあって、中に入ってみました。以前は日本酒とビール中心だったのですが、今は世界中のワインと日本中の焼酎が集まっていました。しかし、超高級なワインやシャンパンは置いてありません。しかしお客さんは気軽に、まるでワインや焼酎や日本酒の〝ソムリエ〟のように、店主に能書きを垂れながら予算に合ったお酒を買っていくのです。このお店もそうですが、インターネットの検索で探し直接輸入や購入しているお店が増えています。その時に役立つのが英語力で、直接電話で会話できればもっと値段の交渉などに有利になります。

「私大変なんです。大学まで片道二時間もかかるんです」という学生がいます。この学生に対して私はこう答えました。

「いやー、最高だよ。一日四時間語学の勉強ができるんだから。一年間は英語、二年目はフランス語、三年目はドイツ語、四年目は中国語をやったら、卒業するまで四ヶ国語ぺらぺらになるよ」

ただし、こうも付け加えました。

「あくまでも目安は日常会話がこちらから一方的に話せるようになるのが目標だから、あまり重荷にならないように」

というのも、私も西ドイツに留学する一年前からドイツ語の勉強を始めたのですが、ラジオのドイツ語講座とテレビのドイツ語会話だけでほとんどお金をかけませんでした。実際、ドイツで生活していたときに、たとえ問題が起きても自分の主張だけしゃべって、相手が話すと「私は日本人なのであなたの話はわからない」の一点張りだったのですが、それでも無事に帰国できたからです。

語学が苦手と言う人は、恐らく中学時代の英語の成績（会話ではなく）が悪かったからか、外人に慣れていないかどちらかだと思います。結局のところ、「習うより慣れろ！」で中学校程度の単語をジェスチャーを混じえれば、語学力に自信のない人でも十分通じると思います。

自分の潜在能力を使うと、または、宇宙意識とつながっていることが体験できると、地球上でのさまざまな活動は同時並行的にできるようになります。というより、次の五Kは同時に平均点以上取って人生を生きていかなくてはなりません。例えば、経済状態が健康（大金持ち）でも家族との関係が不和であれば成功者とは言えませんし、知的教養（学問や芸術で最高位）があっても健康を害しては人々を幸せにできません。何か社会貢献したい気持ちがあってもアイデアが沸いてこなければ行動に移せません。五Ｋのことをいつも考えていると、全てバランス良く発達させることができますし、くもの巣のような五角形のペンタゴングラフの、それぞれの大きさを拡大することも可能です。できれば、成績評価の可より良を、そして良より優をバランス良く取って、自分の人生を死ぬまで謳歌して頂きたいし、誰にもそれが可能であると信じています。

五つのＫ（関《K》係・教《K》養・工《K》夫・健《K》康・貢《K》献）は同時に叶《K》えることが可《K》能です。

あなたは五つの部屋の扉を開けるマスターキーを、心の手に持っています！

か　関係（人間、家庭）

き　教養（知識、常識）

く　工夫（発想、ヒント）

け　健康（身体、経済）

こ　貢献（社会、国家、地球、宇宙）

健康（ＨＥＡＬＴＨ）

ミラクルを起こす五Ｓ（想・息・食・足・整）

①想（プラス思考）

この世に現れているものは、まず誰かの脳に想像され、創り出すという行動によってでき上がったものです。即ち、人間の想念が起爆剤となって、今、身の回りにある全てのものを作り出したのです。宇宙意識（創造主）のエネルギー（想念）が宇宙のあらゆるものを創り出したように、人間の想念があらゆる現象を引き起こすのです。心配性の人は心配する人生を送り、恨みがましい人は恨みつらみの生活をし、何でもプラスに考える人は、どんどん良いことを引きつけることになります。

『笑う門には福が来る』と申します。明るく健康的に良く笑う人は、そのような一生を送ることができるのです。免疫の実験では、お笑いを見たグループと健康講座を聞いたグループでは、お笑いの方がガン細胞を壊すＮＫ細胞の増加が多く見られたそうです。また、どうしても心から笑えない人は、「作り笑いでも効果がある」ので無理矢理笑顔を作る練習をしましょう。病気の人が笑顔を作ると、脳が勝手に判断し、この笑顔に病気は合わないと思って、自然治癒力が増して病気を治してくれるそうです。

ガンと宣告され、あと一年くらいの命と言われた人がいました。しばらくの間、食事もノドを通らず、死の恐怖にさいなまれ、考えることは病気のことばかりでした。ある日、どうせ死ぬなら、漫才やお笑いのビデオ（今なら貸しＤＶＤ）をありったけ見てやろうと思い立ち、ビデオ屋さんに出向きました。最初のうちは中々笑えなかったそうですが、時々苦笑してるうちに笑いの回路ができたようで、笑えるようになり、半年が過ぎてなんだか体調が良くなり、結局ガン細胞は消滅してしまったそうです。

百歳以上で元気な人たちの意識調査をすると、「くよくよしない」というのが最も多く現れています。人間には誰にも次々とさまざまな問題が起きてきます。小なり大なりの問題を、なるべく短く、早く吹っ切れるような自分独自の方法を編み出すのです。

私のやり方をご紹介しましょう。何か問題があったり、ネガティヴなことがあったその日は大変落ち込み、夜も苦しい夢ばかり見ます。しかし、朝起きたら、「昨日最低だったのだから、昨日よりはいいことがあるだろう」と思いこみます。そしてその日は、その問題が頭から離れないことが原因で、他の失敗（例えば交通事故とか）を引き起こさないようにだけ注意します。夜寝るときには、カセットテープに録音したミラクルワードをかけ、その言葉に集中し、眠るまで何回も左の耳で聞きます。こうして大体三日あれば、問題解決の方向が見えてきます。

また、私が心がけていることの一つとして、大学の授業や整体教室の時には、胸に「ポジティヴ」と大きく書かれたTシャツを着て指導しています。これは原宿の竹下通りで買ったものですが、自分だけでなく見た人も「プラス思考」になるようにとの意図からです。

ある問題が起きた時に、解決できないだろうと思い悩むマイナスエネルギーと、何とかしてみようと考えるプラスエネルギーと、かけるエネルギーはほぼ同じですから、プラスエネルギーで挑戦しましょう。放出したプラスエネルギーが、宇宙意識を動かし、大宇宙力となってあなたの周りに返って来て、ミラクルをもたらすのです。

②息（腹式呼吸）

人間の生命維持に必要な最大のものは、食事ではなく呼吸です。何故なら、人間は一週間くらい何も食べなくとも死なずにいられますが、一〇分間酸素が入らないだけで死んでしまうからです。また、過労の時は、栄養価の高い食事を摂るよりもも、ミネラルウォーターでも飲んで身体を休めて眠るほうが早く回復します。休息中に、あらゆる細胞に酸素や体内にあった栄養素を与えて活性化させるからです。

このように大切な呼吸なのに、その重要性についてほとんどの人が気付かず、無尽蔵に供給される空気に感謝して生きている人も少ないのです。私の場合は、大学の授業とカルチャーの指導と手当療法師養成講座とミラクルセミナーでいつも変性意識の作り方（腹式呼吸）を指導し、「呼吸を三秒止めて感謝し」と言いながら、いつも一緒におこなっています。

一九九一年一二月、福井県教育委員会主催の講習会のために、あらゆる分野の一流人の著書を読み、呼吸法の共通点をまとめました。それは次のとおりです。

1．肉体をリラックスさせる。
2．鼻から吸って、口から吐く。（途中止める場合も含む）
3．長く深い腹式呼吸をする。（順腹式呼吸が多い）
4．身体の細胞や部位を意識する。（無限小への意識）
5．大地や宇宙との一体感を感じる。（無限大と自分）

一流人は、自らの体験と研究によって、それぞれの著書の中で呼吸法を述べているのですが、最後にたどりついたのは、腹式呼吸だったというわけです。

一九九六年の一一月の日本ＧＡＰ総会で、九四歳でゴルフのエイジシュート（自分の年齢以下スコアでホールアウトすること）を成し遂げた塩谷信男博士が講演をなさいました。私もゴルフをたまにやりますが、九四歳で九四のスコアを出すのは奇跡のようなものです。二時間の講演の間精力的に話され、その凛とした声には驚きましたが、「よーし私も九〇歳まで後進に刺激を与えれるように頑張ろう」という目標ができました。

博士は一〇代の頃まではひ弱で病弱でしたが、腹式呼吸を取り入れ実践されてからめきめき丈夫になり、人生にもさまざまな良いことが起きたそうです。第一、記憶力が良くなり勉強ができるようになり東大の医学部に入って医者になったのですから……。世田谷の内科医が四軒あったど真ん中に無謀にも開業し、渡す薬に念を込め、貧富の差に分け隔てなく接し、イメージングどおりに患者が殺到するようになったそうです。

意識的腹式呼吸は、身体の細胞を一・五倍長生きさせ、一日約一〇万個死滅する脳細胞の減少を約六万個に減らし、骨細胞の死滅を遅らせると共に新細胞の取り込みを早くするそうです。即ち、意識的腹式呼吸を毎日二〇分やると若返り、ボケが無くなり、骨粗相症も無くなるというのです。さらに良いことは、酸素を充分に取り込んだ活性化した細胞はガン細胞もやっつけ、脳内モルヒネを出し〝長寿命で安楽死〟ができるということでした。

「私がそれを実証している。私が見本だ」と言われれば、誰もが「ははぁー」とひれ伏すしかありません。博士は、七四歳の時に無理矢理行ったヒマラヤ登山では、飛行機内で腹式呼吸をおこない、何もしないで倒れた屈強な若者たちの高山病を治して回りました。その時にヒマラヤの曇った天気を想念で晴れにして、撮った写真を表紙にした博士の著書『宇宙無限力の効用』を私は大切にしています。

博士は、一〇〇歳のお祝いを皆さんに祝ってもらい、一〇三歳でこの世から旅立たれました。

③食（玄海山菜）

自動車を動かす原動力は、ガソリンと酸素です。そのガソリンに不純物が混じっていれば、エンジンがトラブルを起こし故障してしまいます。人間の身体には、きれいな酸素とともに身体のためになる食べ物が大切です。何故なら、日々習慣化されている食事の栄養素が、血液を通して身体中の細胞に運ばれるからです。

人間の歯の構造を見ると、穀物を中心とした雑食動物の型であり肉食動物のように犬歯（牙）が鋭くありません。それなのに、何故肉類を食べるかというと、美味しいということの他に肉類を食べるとスタミナがつくと錯覚しているからです。「スタミナ」という言葉の語源は植物の「めしべ」であり、草食動物の馬や牛や山羊の方が、百獣の王ライオンよりも何倍もスタミナがあるのです。

私も体育大出身のせいか肉だけが大好物で栄養と考えていました。その結果平成四年の大学の教職員定期健康診断で、中性脂肪が五六八となり、E（Aが良）ランクの評価になってしまったのです。私は自分の体質改善に乗り出し、まず白米を玄米に換えました。玄米はあらゆる栄養素を含みエネルギーを持ち、しかも体内の毒素を取り除いてくれます。さらに、何故か肉類よりも魚菜類を好むようになりました。一八〇度変わった私の嗜好に、大学時代の悪友たちは、飲み会に行ってもしばらくは戸惑っていました。

昔から腹八分目と申します。私の祖母は胃下垂の持病を持ち、食べ過ぎると気持ち悪くなるのであまり食べないようにして、結局九六歳まで元気でした。食欲旺盛に見える豚さんでさえも、腹一杯食べても胃腸にはシワがあるのに、人間様が腹一杯の時は今にもはちきれそうな風船のように膨らんでいます。それは自然のまま食べずに、さまざまな味付けをして食べるからで、なるべく生に近い味付けで、食材そのものの風味を楽しみ、食べすぎないようにしましょう。

森下敬一博士の「お茶の水クリニック」では、ガン患者の食事療法を次のようにして、効果を上げていました。

1. 主食を雑穀入り玄米、副食を根菜類・海草・小魚介類・大豆食品とする。

2. 健康補助食品を用いる。（葉緑素・酵素・胚芽・ミネラル・高麗人参など）

3. 薬草・野草茶を飲ませる。

このような食事療法で患者の自然治癒力を高め、治療に当たっているそうです。

玄米はまずいと言われますが、それは炊き方次第で大変味わい深いものです。慣れないうちは水を多めにしておかゆっぽくして食べてください。私は必ず一晩水につけて膨らましてから炊いています。

陸の家畜は人間より体温が高いので血液を固めやすいのですが、海のものは全て人間より低いので血液を流れやすくします。青みの魚は血液を綺麗にするといわれるゆえんですが、海草は九〇種類以上のミネラルを含んでいて身体を若返らせます。

山のものには大地のたくましいエネルギーが満ち溢れています。減農薬、無農薬野菜は大腸のためにもたくさん摂ってください。一番先に食べれば先にそれを吸収しようとするので、後から好きなとんかつを食べてもダイエットになります。

玄海山菜を工夫して日々の生活に取り入れ、病に立ち向かう身体を作りましょう。それが、より超感覚的な能力も授けてくれるのです。

④足（歩く、行動する）

人間は動物です。というより、人間は自分で移動できる知的生命体です。ラ・マルクの法則『用不用説』は、「使うものは発達し、使わないものは衰える」としています。人間の心肺機能や骨格筋肉も諸機能や内臓も動くことによって維持されているのです。にもかかわらず、文明の発達により歩くことが激減し、栄養過多で年々脂肪が年輪のようにつき、まるで大木になった植物的人間も大勢います。最後には、コレステロールを貯め、脂肪を増やし、血液を濁して毛細血管を詰まらせることになるのです。

「健脚病なし」と言われています。歩くことは、足の裏の自律神経の多くのツボや膝の裏の委中（血液浄化の腎臓に効くツボ）を刺激し、起立筋の発達を促します。起立筋は、積み重なる脊椎骨を支えており、そこから出ている脳脊髄神経が多くの内臓に影響をもたらします。しっかりした起立筋は、脊椎骨を安定させ、内臓の働きを活発にします。また、一歩歩くごとに顎の骨に刺激を与え、脳の働きを活性化します。アイデアも沸いてくるはずです。

血液循環を良くし、血液をサラサラにし、約六〇兆の細胞に酸素と栄養を運び、全ての細胞が活性化すればとんでもない能力（超能力）も発揮できると思います。また、願望達成や難問の解決に当たっては動くこと（行動）が大きな成果を生み出します。脳を使っていろいろな方策を考え、またはアイデアが沸いてきたら、次々とアクションを起こすことが大切です。断られても悪い結果でも、成功のイメージを頭に描き、必ずできると思い込んであきらめなければ、思いもつかない最高の結果が待っています。

私たち人間は文明の発達により原始的超能力を忘れていますが、イザという時の火事場の馬鹿力を誰でも持っていますし、危険を察知して肌寒くなったり、口先で騙されそうになると鳥肌が立ったりします。また、本当にその人が心から願う思いの強さと真剣な行動を感知する能力も持っています。貴方の細胞からのテレパシーを感知し、誰かが貴方の行動をサポートしてくれます。その様な例は、枚挙にいとまないほど世界中に現れています。

⑤整（心と身体のひずみを無くす）

《こころ》

心のひずみを無くすと言っても、ゆがんでいるのを気付かない人は治せません。それに、心の思いは指紋のように千差万別であり、ある感情は相反する二面性を持っているので、ある場面ではプラスであり、ある場面ではマイナスの時があるのです。私の場合、授業や講演会では面白いとかエネルギッシュだとか言われても、車の運転では乱暴だとか慌ただしいとか言われます。ゆがんでない心とは、大義としては宇宙の進化や地球の発展に寄与する心であり、哲学的に言えば「真・善・美」を求める心であると言えます。どちらも言葉では言い表せない壮大な概念ですが、他の人から言われて変化するような心のあり方ではありません。

また、世俗的に言いますと、『ミラクルワード』では、「三う」をやめると書きました。即ち、人を「うらむ」「うらやむ」「うたがう」をやめ、そのような考えが思い浮かんだ時には、反対の言葉を大声で叫びましょう。「ありがとう」「よかったね」「信じてる」これで、心のゆがみを直し、心を真っ直ぐにしましょう。引き寄せの法則で、後者がかえってやってきます。

《からだ》

「ミラクルを起こす！」と言っても、身体がゆがんでいるとうまく働きません。何故なら、そのことが体調を悪くし、自分の具合の悪さに気が向いてしまうからです。特に脳脊髄神経の通り道である脊柱が曲がったり椎骨がずれたりしていると、自律神経の圧迫を招きあらゆる臓器の働きを衰えさせ、病気を引き起こすことになります。

目を閉じて深呼吸を一〇回してください。呼吸音だけに気が入り、自分の身体の一部に気が行かない人はおおむね健康な状態と言えるでしょう。足にトゲが一本あるだけで、その部分が気に障るものです。まして、身体の内側のどこかが重苦しいとか痛いとかいうのは、近くの内臓が病んでいるかもしれません。「癒せる手」（52ページ参照）を作り、気になる辺りを皮膚の上から手当てをして「黒い塊を手のレーザービームで粉々にする」イメージングをしましょう。誰の手にも自然治癒力が備わっています。まずそれを確かめてみましょう。

自分でできる身体のゆがみを無くす方法を次に挙げますが、治療師の方はこれを参考に自分で方法を考えて施術に取り入れてください。根本原理としては、左右の筋肉を同じような柔らかさにすることです。緊張している方の筋肉が骨格や脊椎を引っ張っていると考えています。

①長座姿勢で脚の力を抜き、足の角度を見る。足が立っている方の脚の内側をほぐし、膝を外回しに大きく三〇回まわす。

次に足が倒れている方の脚の外側をほぐし、膝を内回しに大きく三〇回まわす。

②頚椎・胸椎（手が届く所だけ）・腰椎・仙骨の棘突起の両側の筋肉（棘筋）を両手の中指と薬指でさわり、痛い方・硬い方・気になる方を一〇〇回くらいもみほぐす。

③腹腔マッサージ＝仰向けに寝て両膝を立てる。両手の指六本（人差し指・中指・薬指）を合わせて図のように右骨盤から上に、一箇所一〇回ずつ揉みほぐしながら移動する。痛いところ・硬いところ・気になるところは三〇回以上揉みほぐす。

①

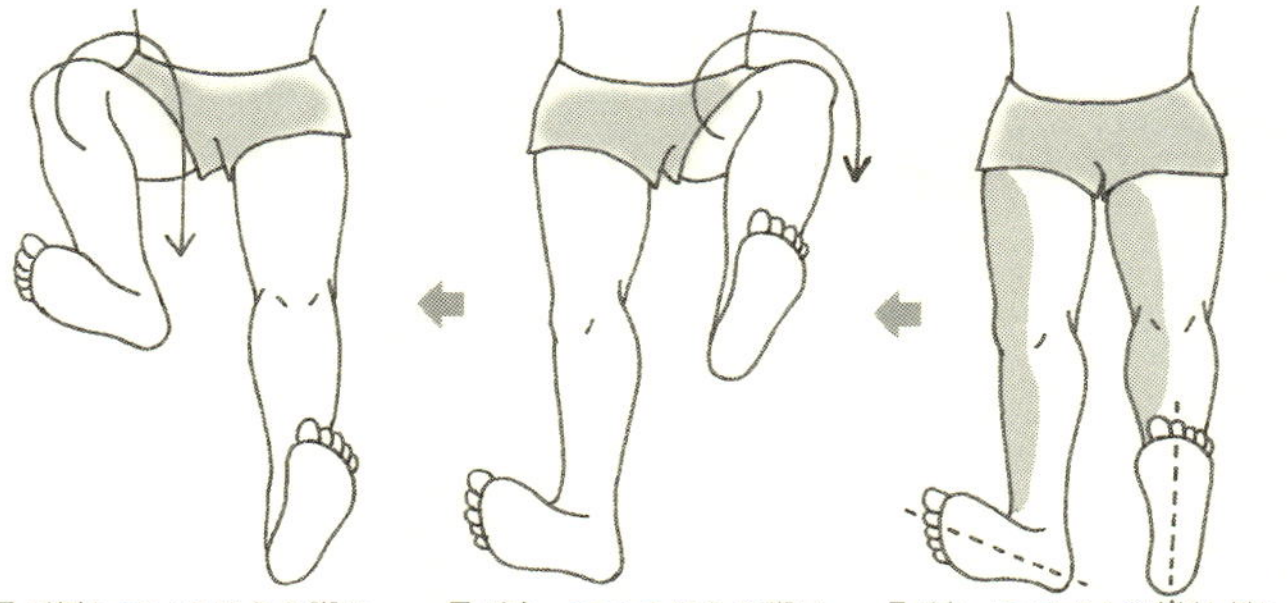

足が倒れているほうの脚は内回し（30 回）

足が立っているほうの脚は外回し（30 回）

足が立っているほうの内側と倒れているほうの外側をもみほぐす

②

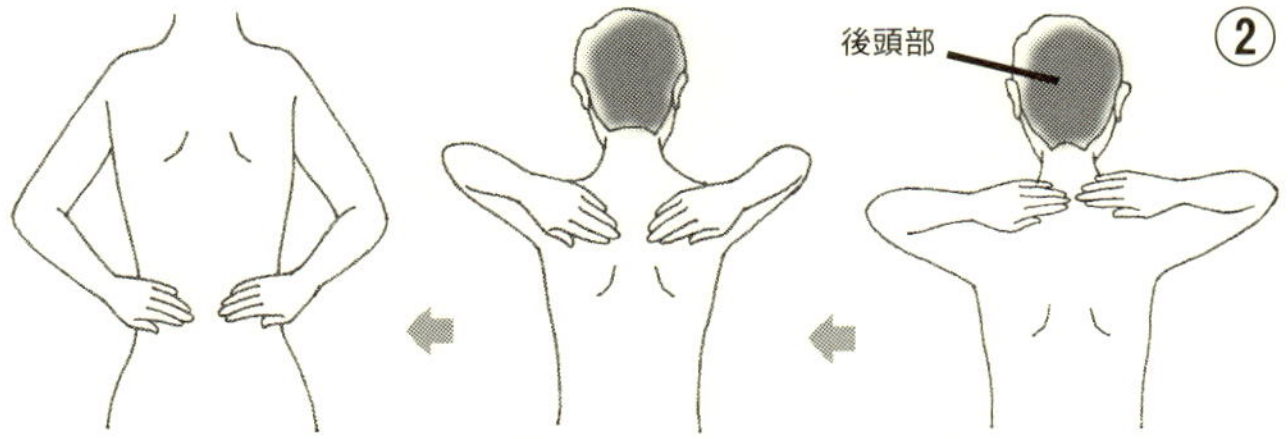

腰椎、仙椎の横の硬いほうをほぐす

胸椎横の硬いほうをほぐす

頸椎横の硬いほうをほぐす

③

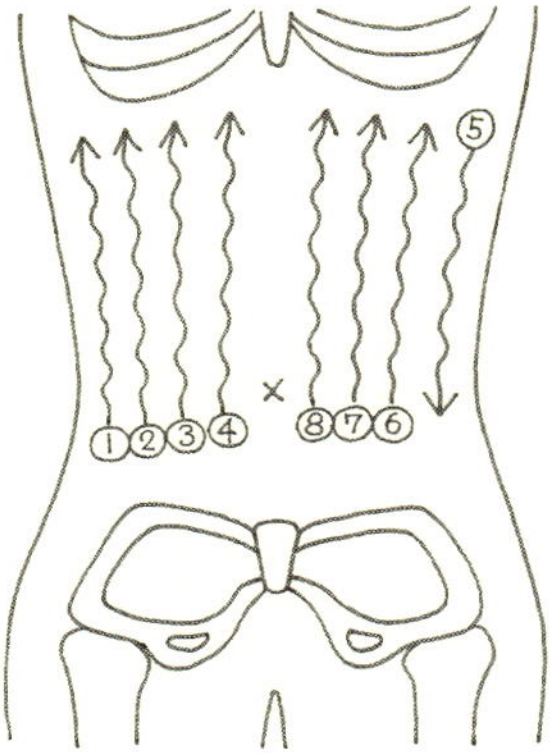

腹腔マッサージ（10 回ずつ）数字の順にもみほぐし、痛いところ、硬いところ、気になるところは 30 回

左側の一番外側（下降結腸なので）だけは上から下の方に移動する。左図の番号順におこなう。

心と身体のゆがみを取り除くことができると、宇宙意識と直結する潜在意識のパイプが強化されます。何故かと言うと、余計な思惑（他人が気になるとか体調が悪いとか）にエネルギーを取られずに、真っ直ぐに宇宙意識に意識を向けることができるからです。心と身体の歪みを整えることと成功法則は余り関係がないと思われがちですが、大変重要な要素なのです。

すべての細胞はパーフェクト

私が主宰しているフィジカルセラピスト養成講座には、「手当療法師養成講座」（ミラクルセミナー）があります。これは主に、テレパシー（手当療法）やバランス療法、リンパセラピーを習得する講座です。

あらゆる治療行為においてもっとも大切なことは、患者さんの細胞に本気で気（愛）を送ることであり、医療技術や施術方法は二の次だと思います。そして、細胞に働きかけることができれば、自分の人生を豊かにすることも、患者さんを治してあげることも全く同じことであり、前者は自分の細胞に、後者は他人の細胞に働きかけるだけのことなのです。

私が、それぞれの細胞がパーフェクトな力を持っていると思ったきっかけは、日本ＧＡＰの会

長・久保田八郎先生が、月例会で『あなたの細胞の神秘な力』ロバート・B・ストーン（祥伝社）を紹介してくれたからでした。その本には、バクスターというアメリカの嘘発見器の大家による「植物から人間細胞への働きかけ」について紹介されており、また、手かざしが植物に影響を与えるというノーマン・ピールのトマトと麦の種子の実験が書かれてありました。

二〇〇六年五月、私はトマトの苗木を玄関前の小さな花壇に植え、ノーマン・ピールの手かざしの実験を始めました。時間の無い時は、一秒だけでもトマトに手かざしをし「がんばれよ！」と言って家を出ました。その年の大晦日（一二月三一日）八王子に珍しく雪が降り、雪の元旦を迎えました。その日もまだ五月に植えたトマトが大きな実を何個もつけていました。（写真参照）誰の手かざしでも植物の細胞に働きかけることができることが証明されたのです。次の年はミニトマト、次の年はフルーツトマトを実験して証明しています。

二〇〇五年七月二〇日、バクスターの『植物は気づいている』（日本教文社）が発売され、本人自身の経歴と背景と、率直な実験内容に関する気持ちを理解することができました。ことの始まりは、一九六六年二月二日のドラセナという観葉植物の偶然的実験からでした。水をあげて吸い上げられる速度を測定しようとしましたが、何の反応も起こさないので、「あの葉っぱを焼いてやろう」と思った瞬間、取り付けてあったポリグラフのグラフが最上まで跳ね上がったのです。自分が面倒を見ている植物細胞と、自分の肉体細胞のコミニュケーション（私はテレパシーと思っている）の研究の始まりでした。

ある実験では、バクスターは一日の行動で、精神的刺激を感じた時や感動した時の時間をメモしておき、帰って照らし合わせると、植物の葉につけたポリグラフもほとんど同時に大きな振動を記録していました。雑踏の中で何キロ離れていても、植物細胞は主人の感情を察知していたのです。後日、切り取った葉や粉々にして実験しても同じ結果を得たので、これは各細胞が知覚能力を有しているのだと彼は確信しました。

次に彼は、卵やヨーグルト菌の実験に成功し、人の口腔内白血球や血液の実験に成功しました。最後に髪の毛や皮膚の細胞が主人の想念を受けていることをつきとめました。即ち身体の約六〇兆の細胞は主人の想念や感情に影響されており、主人がポジティヴ志向であれば、その想念や感情に反応し、他の細胞にも信号を送ります。さらに、他の人や物質や物事を介して、主人が望むポジティヴな現象を起こし人生をポジティヴにしてくれるのです。

たとえ今難病に苦しんでいるとしても、これまでの思考を反省し、ポジティヴな考えになるように、自分にできそうな方法を考えて日常生活に取り入れると、細胞が引き受けて病気を治癒する方向に進めてくれるということです。本論にある、ポジティヴな目標を作り、見る、言う、聞くでもいいし、簡単なのはポジティヴな友人を作るとか、私のセミナーを受けに来るとかですが、基本的には細胞がパーフェクトな能力を秘めていることを確信することが一番重要なのです。

ホルミシス（弱放射線）効果について

二〇一一年三月一一日の東日本大震災がきっかけで発生した福島第一、第二原発の放射能漏れの報道を契機として、ベクレルやシーベルトといった放射線の単位が一般にも知られることになりました。一般の人たちは放射線と聞くと、広島・長崎の被爆やチェルノブイリの爆発事故後の放射線汚染などを連想し恐怖に駆られる人も多いと思います。しかし私は、今から二〇年ほど前からすでに、放射線の弱いものは地球に届き、人間や生き物の生命に深く関わっていることを知っていました。

私は中学三年の時にジョージ・アダムスキーの『空飛ぶ円盤は着陸した』を読んで、ゼナカードを取り寄せて自分で訓練したりしたのですが、四二歳の時に久保田先生と偶然にも運命的出会いをさせてもらいました。先生は、その間の二〇数年間アダムスキー氏と文通を続け、機関紙にその内容を掲載し、中央アート出版から『ジョージ・アダムスキー全集』を出版されていました。それらの中には「太陽は巨大な放射線放出天体であり、地球の空気を通り抜ける時に熱に変わる」「地球上の生命誕生と存続には、この届いた弱放射線が必要である」ということが記されていたのです。

一九八二年、米国のラッキー博士が、帰還した宇宙飛行士の身体検査をした結果、「放射線を浴びてしまった身体細胞がかえって活性化していた」という研究論文を発表しました。私たちは放射線というと、原爆、チェルノブイリ、原子炉爆発などを連想しますが、これらは全て強力放射線の破壊的力への恐怖であり、弱放射線（学会などでは低放射線と言っている）は身体細胞に有効であり、私たちは毎日自然放射線を浴びて生活しているのです。かえって、植物も動物も人間も、弱放射線から隔離されると病気がちになり、老化を促進してしまうのです。

数年前に岩盤浴が全国的にブームになりました。北投石の発するラジウムが難病に効果があるとされる秋田県の玉川温泉が火付け役となり、岩盤や鉱石や自然界の産物が放出する弱放射線（ホルミシス＝刺激。ホルモンのようなというギリシャ語が名前の由来）を人間の健康作りに役立てようという動きが生まれました。私の知人である村田昭久さんは若い臨床医の人たちと共に「ホルミシス臨床研究会」を発足させ、自分の会社リードアンドカンパニー（http://www.leadformis.com／）ではラドン温浴ができる「ホルミシス館」を設立、全国から体験入浴や設備設置を目指す人たちが訪れています。

ホルミシス効果は、細胞再生に寄与すると言われており、もし皮膚細胞、筋肉細胞、骨細胞、内臓細胞に浸透し細胞を蘇らせ活性化する働きがあるならば、美容や怪我や病気に対して外からのアプローチが可能になります。村田さんの製造したＡＣクリーム（Active Cell＝活性細胞）を私は美顔や怪我の回復に使用していますが、ほうや整体院の保谷八重院長は病気の人にも効果があるということで、毎週のようにクリームを注文して頂き、また、私にクリームを使った病気の治し方の方法も送ってくれています。

自然療法で病気を治す

近年、三五℃台の低体温の人が病気になりやすいということで、体温を上げる健康法を勧める雑誌や著書がたくさん出されています。私は数年前に、小川秀夫さんの『ガンの自然免疫療法』（花伝社）を読んで抗ガン剤の怖さと温泉湯治療法の素晴らしさを認識しました（61ページ参照）。

そのほかにも、皆さんに紹介したい本がいくつかあります。例えば、『薬にかわる食べ物』（ペガサス）の著者は、私が健康科学の授業の「食生活」の時に真っ先に話題にするお茶の水クリニックの森下敬一先生で、私が「玄海山菜」を勧めている元になっている本です。世界一長寿者の多いグルジア共和国の食生活を調査して、植物性の食べ物を〝薬にかわる食べもの〟にしました。胚芽は栄養の宝庫なので白米をやめて玄米にし、野菜は葉菜と根菜をバランスよく採る。できれば無農薬栽培のものを食べ、促成栽培のものよりは旬のものを採り、山菜、野草を食するとしています。

森下先生は主に食事療法でガンの治療をしていますが、実際にガンになった患者に対して食事療法をおこない、その食材の有効率を具体的に挙げているのが、済陽《わたよう》高穂《たかほ》先生の『今あるガンが消えていく食事』（マキノ出版）です。済陽《わたよう》先生は、胃ガン、肝臓ガン、大腸ガンなど七種類以上のガン患者を対象に食事療法をおこなって、有効率六六・三パーセントという結果を出しています。その食事療法に使われているのが、縄文時代の食べ物をヒントにした〝新縄文食〟で、具体的には雑穀、魚介類、根菜（山ゴボウなど）、野草、果実、堅果類（くり、クルミ）などです。私は、これらの食材を摂ることで代謝が整えられ、免疫力が高まるためにこうした有効性が現れるのではないかと考えています。

私は、一〇年ほど前に日本自然療法協会を設立し、ガンや難病と言われる病気に効果のあるとされる自然療法や自然素材の研究と情報提供をしてきました。これまでも、必ずその療法を提唱している人や組織（会社）に出向いて、資料やデータを収集し、可能ならば自分の身体で試してから推奨しています。これまで、強酸性イオン水、水溶性キチンキトサン、日本冬虫夏草、チャーガ茶などを推薦してきましたが、それぞれ大きな効果をあげました。

現在、協会では「固体水素」と「海洋植物プランクトン」といった自然素材や、「ＹＯＳＡ」というラドンマットを使った温熱療法をお勧めしています。協会の詳しい活動については、64ページをご参照ください。

智者に学ぶ

私自身、自然治癒力を高める数々の療法に対しては非常に興味と関心があり、また日々勉強もしております。また、〝引き寄せの法則〟でしょうか、私の周りには多くの意欲あふれる研究者の方たちが集まってきており、その研究成果を書き留めるだけでも読者の皆さんの健康に役立つのではという確信があります。

ただ、どうせなら研究者ご自身の言葉を皆さんに紹介したい――その願いから、お二人の研究者の方に文章を寄せていただきました。

最初に紹介する末永眞幸さんは、一九四八年福岡県直方市に生まれ。高校卒業後、県高等営農技術研修生を経てＪＡにて一八年間農薬・化学肥料などの販売業務に携わりました。途中体調不良になったのをきっかけに自然食を使った健康法を学びました。四〇歳で脱サラをし自然農法に従事、一九九七年より福岡県直方市で自然農法で育てた野菜を提供する民宿「あすなろ庵」

（http://www15.ocn.ne.jp/~asunarof/）と食堂「自然食工房　あすなろ」を経営して、人気を博しています。

「自然界は全て師である」末永眞幸（民宿あすなろ庵代表）

私は、化学肥料、農薬などを販売する仕事で、現在とは正反対の立場でした。平成元年に脱サラをしてハウス苺と米作りに転換し、その二年目に今の農業と食生活に疑問を抱きました。「食物」とは人に良い物と書きますが、そのような物が本当の食べ物であると確信し、その後自然農法を学び、人に良い農産物作りを実践し、平成一〇年にMOA自然農法認定を取得し現在に至っています。

◆自然農法は宇宙の真理（天地自然の姿）である

あの山の大木を見て下さい！　誰かが肥料を撒布しましたか？　誰も何もしていません。では何故あんな大木になったんですか？　それは風、雨がコントロールする何か（意識）がこの宇宙に存在するからだと思っています。人間だけでなく、天地自然の動物、植物、鉱物全てが意識を持っており、人も動植鉱物も水分が欲しいと願い天地自然と同通して海水が蒸発して雲になり、この空気中に七五パーセントのナトリウムを含ませていると言われています。そのN養分ミネラルなどを雨として植物の幹、枝、葉、土（腐葉土）に降りそれらを吸収して大木となる。落ちた枝葉の腐葉土は養分を逃がさない桶の役割（養分貯水タンク）をしているのです。究極の土とは腐葉土「腐食率の高い土（五パーセント以上）」を意味し、腐葉土を作ることが自然農法の原理であり、それはまさに〝宇宙循環の法則〟そのままだと思います。

◆自然農法の証・医食（薬食）

自然農法で出来た農産物は見た目は慣行栽培と変わらないようですが、其々調理の段階から変化が見られます。玉ねぎは皮をむいて包丁をいれた時から涙が出ないのです。大根の場合、下茹で（したゆで）すると軟らかくなりすぎて溶けてしまいます。ほうれん草は軟らかくシュウ酸が少なく生食でも美味しく食べられます。白菜などは、葉と葉の隙間がなくしっかり巻いており、持つとドッシリと重いのです。ブロッコリーは切れない包丁でも簡単に切れます。化学肥料中心と有機肥料多投も土の中を不調和にしてしまい、出来た農産物は調理しても硬くガジガジ感のある食感になります。葉物類も苦味があり、小さな子供たちは直感で食べませんが、自然農法の野菜は好んで良く食べるのです。自然農法農産物は細胞密度が繊細で、調理すると全般的に舌触りが良く軟らかいのです。最終的には食べてみて後味の良い（身体がホッとする感じ）のが本当の医食（薬食）同源だと思います。

◆化成肥料・未熟堆肥・有機物多投が虫を呼ぶ

調和した土から採れた農作物は余り虫がいないのです。人間が多収穫を望み、肥料や有機物を多投すると土の中が不調和になり、農産物の体内バランスを崩すから虫を呼び込み、農薬を散布しなければならなくなるのです。砂地の土では、養分が流亡しやすく濃度が薄くなるので虫が少なく、粘土質土壌は養分が流亡しにくく濃度が高くなるので虫が多く発生すると思います。又、異常気象にも左右されると思います。干ばつが続く場合も植物体内濃度が濃くなるので、虫が寄って来やすくなり、何事も度を越すと悪い結果になります。だから虫が食べて穴だらけになった野菜は、無農薬の証だから安全ですと言う人がいますが、そうとも言えないこともあるのです。

◆自然農法と子育て教育

植物の苗を植える真下に養分をやると根の張りが悪くなり、自然の風雨に弱い植物が育ちます。逆に無肥料だと根が多く拡がり風雨に強い植物が育ちます。人間の子育ても同じだと思います。与える愛、引っ張る愛ばかりでは自立心の弱い人間になります。野性的な不耕転栽培が一番強根が出来るのです。人間は自立〝芯〟を育て養うためにも、突き放す親の愛も必要だと思います。

◆自然農法が地球と人間を再生させる

自然農法の稲作の場合、平成五年の冷夏の時でも例年と変わらない収穫を得ましたが、慣行栽培の稲作はほとんど収穫皆無に近かったのです。これは、自然農法の水田の土壌温度が二〜三度高いので収穫を確保出来たと思います。慣行栽培の水田は農薬と化学肥料の多投によって、土壌の温度が低下していると考えて良いと思います。

これと同じように、過度の化学物質の摂取や不自然な生活習慣によって、人間の体温が低下している傾向にあるので、現代人は病気になりやすい体質を作っていると思います。地球温暖化と言われていますが、それは大気圏の温度であって、地球の土そのものの温度は低下していると言えると思います。

最後に私は蜜蜂も飼っていますが、自然界に生きる蜂に学ぶことが沢山あります。人間社会と同じ集団生活を営み、其々の蜂が其々の役目を忠実に全うして輪廻転生している姿を見せられ、人間もその様に生きなければならないと思います。今後は自然農法が地球と人間を再生させる業であることを、私は確信しています。

【民宿あすなろ】〒８２２—０００４福岡県直方市大字畑５８３　０９４９—２８—３０２０

次の保谷八重先生は、129ページで紹介したばかりです。いわゆる超能力者で、幼少から数々の不思議な体験をなされ、子供の頃は病弱でしたが整体治療で克服しました。その後、独自に整体の勉強を始め、東京都西多摩郡瑞穂町にほうや整体院を開業、現在は美容、病気、怪我の治療に従事するほか、遠隔治療などもおこなっています。

「自分の肉体と魂にミラクルを起こす」保谷八重（ほうや整体院院長）

◆病気はあなたの〝研鑽（研磨）です

本来病気は、自分が引き寄せています。一番の名医は自分自身なのです。朝日とともに目覚め、日中は一生懸命働いて、夜はゆっくりと眠りにつく。たったそれだけの自然なサイクルを現代人はきちんと守っていないから病気になるのです。私達の身体の組織や機能は休むことなく、命を守るために一生懸命働いています。自分の心も身体も本当は自分の思うがままになるのです。そう考えると、自分が病気になりたいから病気になっているところもあるのです。

自分の不摂生で病気になっても、病院に行き、その病気が治らないと医者のせいにしてしまう。これも又、おかしな話です。自分の意志の表れかもしれません。あきらめないで、完治するまで努力して下さい。病人はお医者さんに「治してください」とか「治りますか」などと他人事です。治すのは自分なのです。「絶対治る！　治してみせる！」という強い気持ちが一番必要なのです。医師を選ぶのも自分です。自分で見極めることです。自分の意志がはっきり決まると、何かが動き誰かが手助けしてくれるものです。それが、創造主が用意してくれた本来の〝あなたの研鑽（研磨）〟なのです。

◆身体と魂の病気がある

もし病気になってしまったら、病気を悔やむのではなくそれを〝学び〟に変えることです。どうぞ本当の自分を見つめて下さい。なぜその病気を、神は私に与えたのか。その意味を考え、自分の肉体と魂にミラクルを起こすのです。「病は気から」と言いますが、この〝気〟が大切です。病気には必ず原因があります。科学的根拠はありませんが、病気には身体と魂の病があります。

身体の病気は単純です。自己管理がうまく出来なかった現れで、「今は動く時ではありませんよ。ゆっくり静養しなさい、休んで下さい」などと、その人を病気にさせて教えてくれているのです。「先祖代々ガンなのよね、だから私も危ないの」などという思いは潜在意識に残さず、明るく長生きをして、次の子供達が元気で生きる手本にならなくてはなりません。

魂の病気の一つに霊障とか憑依という現象があります。これを受けた人自身にも、全く責任がないとは言えないのです。ごく普通の霊（言い方がおかしいかもしれませんが）は、怖いものではありません。自分に何かを教えてくれるとても温かいものなのです。霊にあったら、自分が前向きな心を持ちパワフルになれば、決して取り憑かれることはありません。

◆病気にならないために

病気にならないようにするには、精神的にゆとりを持ち（自分の思い通りになっているのだから）、どこかが痛むような時はそのつど患部をやさしくいたわり、そっと自分の身体に耳を傾けて下さい。毎日水分をしっかり摂り（血液浄化）腹八分目で美味しく食べ（体力作り）ゆっくり睡眠をとって下さい。眠っている間に内臓が一生懸命働いて元気にしてくれます。

一日一回は外に出て、自然を感じてください。太陽が出ている時は、両手をひろげ太陽光線シャワーを浴びて下さい。カルシウムが増え骨が元気になります。雨にも雪にもあたって下さい。お散歩（歩く）で筋肉が元気になり、一生懸命身体を動かすとリンパ（循環の）体操になります。息を大きく吸ったり吐いたり、手足を伸ばす腹式呼吸、いつもニコニコきれいな言葉を使いましょう。言霊の法則で、ものすごいエネルギーが生まれます。

患者さんに、「毎日身体を動かして運動をして下さい」と言うと「それは出来ないよ」と言われます。スポーツだけが運動ではありません。毎日、生かされていることが運動です。寝たきりの人も運動出来ます。息をしてるのも、食べるのも、トイレに行くのも、用事を足すのも運動です。その運動を少し工夫して、楽しんで下さい。おそうじなどは最高の運動です。身体に良いものを食べると胃腸の運動、良い水を採ると血液や臓器の運動になり、新鮮な空気を吸うと肺と心臓と全身の運動になります。

◆最期にありがとうが言えますか

五感もしっかり使ってください。あたりまえだと思っていることが、じつは神様（創造主）からの最大の贈り物なのです。大事にして下さい。そして一生感謝して過ごして下さい。自分が死を迎え、魂が肉体を離れる時、今まで自由に使ってきた肉体に感謝して下さい。奇麗な魂で天に帰りましょう。自分の〝魂の磨き〟をして頂いた皆々様にありがとうと言えるように。

最期に「ありがとう」と言うことが出来ると、

生まれ変わった時に、「ありがとう」と生まれてくることが出来る。

【ほうや整体院】〒一九〇―一二〇三東京都西多摩郡瑞穂町高根九五―一　０４２５―５７―４６９１

このお二方以外にも、意欲あふれる研究者の方々はたくさんいます。また別の機会がありましたら、そういった方々のご紹介もさせていただければと考えております。

読者の皆さんの心と身体の健康を、心よりお祈りしています。

生き方（ＷＡＹ）

願望が一〇〇パーセント叶う話

私のつたない六〇年間の体験から、どんな分野でもどんな仕事でも『世のため、人のため、ちょっと自分のため』になる願望であれば必ず叶うと信じています。しかし、一〇〇パーセント叶うと言えずに「九九パーセントは叶う」としか言えない一年間がありました。そのとき私は、始めてのドイツ語の翻訳書の出版に関わっていました。

二〇代後半（一九七六年）に、私たち夫婦は旧西ドイツのメダウ体操専門学校とハンブルク大学体育学部に聴講生として留学しました。

ハンブルク大学で指導してくれた教授は、カーリン・シャーベルトという女性の先生でした。ヨーロッパの三大指導者の一人で、その動きは直線的で歯切れがよく、大学ではひげ面の男子学生も大勢受講していました。先生の動きは日本人向きと考え、私は先生の著書『ダンス的ジャズ体操』を日本で翻訳して出版したいと思いました。早速出版会社にその本を持って行って翻訳出版の話をしに行きました。

しかし、十数社を回ってもどの出版社もいい返事をくれませんでした。しかし、出版会社を回りながら、断り続けられながらも、イメージングはずーっと続けていました。

次の年の春、一通の手紙がカーリン・シャーベルトから届きました。内容は「私は日本に行ったことが無い。あなた方と知り合ったので、日本に観光に行きたいと思った。日本に行ったらわたしを案内して欲しい」とのことでした。

先に書いたように、Ｊａｇｙ（ジャギー）がブームになり、日本中に指導者をお弟子さんに持っていた私たちは、すぐに返事を書きました。内容は「先生が来日されるのであれば、折角なので日本の有名都市七箇所で講習会をやりたい。先生は、その都市で講習会の指導をした次の日にそこを観光してもらうようにする。航空旅費も観光費用もお小遣いも、講習会の受講料から出せるように人集めはこちらでやります」

そして最後に「講習会にはテキストがいるので『ダンス的ジャズ体操』を日本で翻訳出版させてもらいたい」ということを書きました。すぐに、お礼と了承の返事が来ました。そこには、「テキストとしては、あの本ではなく、今年の春出版したばかりのこの本にしてください」と写真が豊富な一冊の斬新な本が入っていました。すぐにベースボール・マガジン社に持参し、全国でおこなう講習会でのテキストとして出版したい希望を述べたところ、二つ返事でＯＫでした。これが翻訳書『楽しいジャズダンス』の出版でした。

一年間、翻訳書が出せずに「一パーセントは叶わないこともある」と思っていましたが、私の潜在意識は知っていたのです。一年後に先生から手紙が来て、日本に来て講習会をやることになり、新しい本がテキストになり、私が翻訳書として出版できるようになることを――。「**世のため、人のため、ちょっと自分のため**」ならば、あなたの願望は一〇〇パーセント叶うのです。

何かが見てござる

山形の田舎に帰った時、ある家のトタンの塀に「誰かが見てござる　イエス・キリスト」と書いた板の掲示板が飾ってありました。これはきっと、「悪いことをしてわからないと思っていても誰かが見ているぞ！」と言う意味なのだと、その時は解釈しました。

十年くらいたち、少なくとも潜在意識や宇宙意識といったものを考えてきた現在では、少し解釈が変わっています。　悪いことだけでなく、善いことをしても、何をしていても〝何かが見ている〟と思うのです。

二〇〇八年四月、わが東京造形大学に始めての卒業生学長が誕生しました。映画監督として「カンヌ映画祭」国際批評家賞を受賞するなど世界的に活躍している諏訪敦彦さんで、夫妻共に私の教え子でもあります。

私が学生委員会委員長をしている関係で、その年の三年生と大学院一年生に対する「就職ガイダンス」の講演に諏訪学長を選びました。その講演の中で学長は「私としては、自分のできることを最後まで諦めずにやっただけで、映画監督も、造形大の先生も、学長も推されてやることになっただけです」と話されていました。

学長が帰られてから、私が一言お話をしました。

「皆さんがどんな会社に就職しようと、何の職業に就こうと、他の人の三倍働きなさい。会社のために働けば会社の誰かが、地球のために頑張れば地球の誰かが貴方の活動を見ています。学長も自分のできることを一生懸命やっただけと言ってますが、それを誰かが見ていて推薦してくれたのです」

私は学長から聞いていました。

「助監督の時に、監督から『お前は駄目だ！　辞めて帰れ！』とボロクソに言われて辞めていったスタッフが大勢いました。私も言われましたが、私ができることは何だろうと考え、それはフィルムの編集だ！　と徹夜でやって持って行きました。そのことで監督は私を少しは評価してくれ、その映画のクランクアップの後に次の仕事も推薦してくれたのです」

最近の日常で思うのですが、悪いことをしていた人とその行状が白日に曝され、また逆に、一生懸命やり続けた人が評価を得て表に出る機会があるように思います。万一悪いことをして地位や名誉やお金を得たとしても、羨ましがることはありません。私の六〇年間の体験から、その人は必ず潜在意識が悪い行いを後悔し、自分の細胞を傷つけ病気にしてしまい、別の形で苦しみを味わうことになるのです。

イエス・キリストは「誰かが見てござる」と言いましたが、それは、近くの誰かではなく、地球上の高い魂か、文明の発達した他の星の人々か、もっと大きな**無限大の宇宙意識が貴方の行動を見ていますよ！**　ということを訴えているのだと思います。

あなたの行動を「何かが、見ています」。

Never give up! で Yes I can!

第二次世界大戦の終了の際、ケンブリッジ大学の卒業式に招待され、祝辞を述べることになったイギリスのチャーチル首相は、壇上にゆっくりと上がり、卒業生の顔を一人ずつ見回してこう言いました。『Ｎｅｖｅｒ　ｇｉｖｅ　ｕｐ！』少し間をおいて、再び『Ｎｅｖｅｒ　ｇｉｖｅ　ｕｐ！』そう言って、壇上から降りていってしまいました。ドイツのナチス党との戦争にやっと勝利したチャーチルがどんな話をするかと、固唾を飲んで待っていた学生たちに、彼はたった一言『絶対、絶対、あきらめるな！』とだけ言ったのです。

「Ｎｅｖｅｒ　ｇｉｖｅ　ｕｐ！」については、私たちは二〇代後半に西ドイツのメダウ体操専門学校とハンブルク大学に聴講生として留学した時に、学校や大学に対する交渉や多くの体操学校への視察旅行での出来事の中で、絶対あきらめなければ道は開けるというような体験を何度もしました。帰国後から今日まで、その時の体験がさまざまな困難を切り開いた原動力になっていると思います。

例えば、メダウにいた時に一週間の休みがありました。ユーレイルパスを使ってヨーロッパの体操学校を回りました。デンマークのオレロップ体操学校へ行った時に、列車が一時間も遅れて到着し、ユースホステルの門が閉まっていました。私は町のホテルにしようと思ったのですが、妻は「ノックしてみよう！」と言ってドンドン閉じた門を叩き出しました。しばらくたって、ユースホステル中がライトアップされ、管理人さんが出てきました。デンマークはドイツ語に似ていますがさっぱりわかりません。ジェスチャーと英語で日本人であることと、列車が遅れたことを伝えなんとか泊めてもらいました。

日本に帰ってからは、色んな場面で食い下がるケースが増えたように思います。「駄目でもともと」の精神でぶっつかると、意外と道は開けることが多いように思います。

二〇一〇年に税務調査を受けました。私が援助しているスタジオの経費分は、私の収入として申告しなさいという指導で、三年分約三〇〇万円の納入が課されるということでした。私は今まで三〇年間も経営者として同じシステムで多額の税金を納税してきたのに、今までそのままにしておいて、今頃「システムがおかしかったから払ってくれ」と言われたことに納得がいきませんでした。そこで、税務署長宛てに三日三晩かけて嘆願書を書いて持って行きました。結局、その主張が認められ、二〇〇九年分の約九三万円の納入で終わりました。

日本の税務署は世界一であると言われています。それでも、「鬼の目にも涙」ということは活きていて、一生懸命生きている人が「あきらめず」「自分にはできる」という思考を持てば、必ずいろんな場面で道は開けると思います。

先日『トリハダ秘スクープ映像１００科ジテン』というテレビ番組で、アメリカの一本脚の野球少年が、大リーガーの始球式の捕手として招待されたスクープが流されました。二歳の時大腿の腫瘍が見つかり切断されながらもすくすくと育った少年は、初めは松葉杖をつきながらサッカーをやり、後で一本足で野球をやりだしました。攻撃の時は打った後に片足で飛び跳ねて走り、守備の時は、座った形で捕手をやります。その姿が掲載された地元紙を偶然見た大リーグの投手が、始球式の相手に選んでくれたのです。

「神様！　一本足に負けない力をくれてありがとう」

「いつもベストを尽くし、絶対あきらめないことです」

アダムス君は、そう言っていました。

『Ｎｅｖｅｒ　Ｇｉｖｅ　ｕｐ！』『Ｙｅｓ　Ｉ　ｃａｎ』

原石が他とぶっつかり宝石になる

会社の創業者は、裸一貫から苦労をして、さまざまな出会いやチャンスを逃さずに会社を立ち上げ成功した人が多いのですが、ほとんどの人が「人の何倍も頑張ったとは思うけれど、今振り返ってみると苦労でもなく、ただ運が良かったのだと思います」と、努力と運の強さを挙げています。つまり、自分にとっては苦労とは思えない、やりがいのある仕事であり、そのことを一生懸命やっていると、更なる目標が見えてきて、それに関わる事象や事件や人間が現れ、その結果大会社になってしまったというわけです。

その創業者の二代目は、家にまともに帰ってこない父や、家族を守ってくれた母の苦労を肌で感じたり見聞きしているので、辛抱の芯をもって育ち、父の事業をさらに拡大発展させることができます。

しかしよく三代目は会社を潰すと言われています。二代目社長は、経済的余裕もあり自分の子供をつい過保護にしてしまいます。お手伝いさんや運転手さんを雇い近所からは「社長」という羨望の目で見られ、その身分にふさわしい教育を子供についつい押しつけてしまうのです。

三代目は、子供心に自分の祖父や父が得た名声を、あたかも自分が偉いような錯覚をしてしまいます。級友たちも教師たちでさえ、有形無形にヨイショをしてくれるのを肌で感じながら少年期を過ごします。反抗期にも、豊かさがあるためにそれほど世間の荒波にもまれることもなく、進学も比較的自分の意志を通してというよりは、会社の跡継ぎにふさわしいレールに乗ってしまいます。途中でつまづいても、いずれ三代目になれるからという思いがいつも潜在的に心の奥底に秘めながら青年期を迎え、二代目が亡くなるまではその恩恵を受けながら無難に過ごすことができます。

問題は、この後に起こります。この地球上でも、日本でも、全てのものが一刻一刻変化をとげています。そのままであることは、全くありません。あらゆる問題が次々とやってきて、棺桶に片足をつっこんでいてもなお、無理難題が押し寄せてきます。ところがそれまでに、一人でさまざまな問題に正面からぶっつかって来なかった、過保護ハンデが現れて彼を苦しめるのです。それまで降りかかってきた大小さまざまな問題を、一人で解決してきていたら、その応用として、恐らく抵抗力も判断力も決断力も現すことができるでしょう。しかし、そうしてこなかった積み重ねが、会社の最高責任者としての決断を誤らせて、三代目にして大会社を破綻または緊急の事態に追いやってしまうのです。

それではその会社は、誰を三代目にすればいいのでしょうか？　一番いいのは、創業者に似た要素を持った人で、叩き上げで入社してきた赤の他人です。会社の名前が有名だからとか、一部上場だからとか、給料が高いからということではなく、その業種（仕事内容）が大好きで〝恋のような天職〟と思い、「世のため、人のため、ちょっと自分のため」の意識のある人で、物事を客観的に判断し決断のできる人が最適です。その会社を立ち上げた創業者の素養だけではなく、会社に対する愛情だけではなく、さらに発展させるためにグローバルに世界情勢を予測し日々決断していける人が必要です。

では、創業者の三代目は全く駄目なのでしょうか？　いや、何代目でもさらに会社をグループ化して成功している企業がいくらでもあります。それは二代目の（あるいは親の）教育方針が徹底している場合です。昔から「可愛い子には旅をさせろ」と言います。一番いいのは外国で修行させることです。語学の勉強、その国の風習、経済状況などというより生活するだけであらゆることが勉強になります。できれば複数の国で暮らした方がいいでしょう。

私たちもまだ分裂している頃の西ドイツに聴講生として留学しましたが、メダウ体操専門学校では毎月収める高い保険の金額でもめたり、「ハンブルグ大学に行きたい」とはっきり言ったらかえって校長夫妻と仲良くなったりしました（後年夫婦で来日）。ドイツ人はほとんどシャワーで済ますため、下宿先のお風呂の入り方に注文を付けられたり、お風呂代を要求されたりしました。短期休暇でヨーロッパ中の有名体操学校を駆け足で回った時は、それぞれの国の国民性に触れ食事の違いに戸惑いました。しかし、これらの経験のおかげで、生命力が身につけられたように思います。

私たち一人一人は何らかの原石だと思います。色々な人たちと触れ合いぶっつかり合って角を取り、さまざまな刺激や体験を経て削られて宝石になります。ある人はルビーであり、サファイヤであり、ひょっとするとダイヤモンドかも知れません。もし苦労して削って磨いてみたらただの石だったとしても、素朴なその石は水槽や玄関を飾ったり、まがたまや貝殻の首輪のように誰かの胸を飾るかも知れないのです。

災害は生き残された人々の〝再生〟の序章

二〇一一年三月一一日は、日本人にとって忘れられない日となりました。日本における観測史上最大の規模であるマグニチュード九・〇の大地震が東日本を襲い、予想もしなかった巨大津波がリアス式海岸の風光明媚な市町村を壊滅状態にしました。

私はたまたま家にいて、この本の原稿のまとめをしていました。強烈な横揺れで玄関から外へ飛び出したら、ご近所の奥さんたちが皆外へ出て恐怖に震えていましたので、「縦揺れが先じゃないので遠いから大丈夫ですよ」と声をかけました。

実は私は、高校一年生の時に新潟大震災を経験しており、その時はまるでキングコングが教室を持って上下に揺さぶっているような縦ゆれで、その時の恐怖体験に比べると横揺れは多少大きくても心配していないのです。ただ、横揺れでこれくらい大きいのだから、震源地はきっと大変な震度であろうと心配をしていました。妻は北新宿の地下一階の研究所でダンスのレッスン中でしたが、全員無事だという電話が自宅にすぐあり、その時に「ホテルをすぐ予約するように」と指示しました。その後は、電話が不通になりなりましたが、次の日の話では、その後予約したホテルは満員になり、お弟子さんたちは何時間も歩いて帰ったり、二人でラブホテルを探して泊まったりしたそうです。

地震や他の災害のたびに思い出すのが、五八年前にジョージ・アダムスキーが言った警告です。「原爆や水爆実験をやる度に地球の回転が遅くなり、太陽の放射線を浴びやすくなり地球が温暖化します。さらに続けると地軸が傾き、アトランティスのように大陸と海底が入れ替わる天変地異が起きます！」

淡々としたメッセージですが、アルプスの山から貝殻が出土し、ハワイやマルタ島や沖縄の海底に都市の痕跡が発見されると、そのこともあながち真実味を帯びてきます。アトランティスは「地球の人々の自然を冒涜する邪悪な想念が破壊をもたらした」と言われています。

私たちは、災害で命を落とされた人々の苦しみや悲惨さを思い悲痛にくれています。しかし、全ての災害のもたらすメッセージは残された人々への教訓であり、再生のためのアドバイスであり序章なのです。何度も津波に会いながらもその土地を離れなかった愛着、一〇メートルの堤防を信じていた過信、まさかこんなことがという自然災害の予測、恐らく亡くなった人たちは疑心暗鬼のうちに命を落とし、いまだに魂的には死んだという意識がない人もいるに違いありません。

そういう人たちのもたらした教訓を、生き延びた人たちと、残された人々の新たな旅立ちの指針にしなくてはならないと思います。まず地域の環境破壊を止め、日本全体の自然を大切にし、地球規模の温暖化防止に一人一人ができることを行動してみることが大切だと思います。先進国の経済優先と驕り高ぶりが自然災害をも引き起こしているのです。

大震災直前直後の不思議な話

私には現在約一六〇〇人の整体のお弟子さんがいますが、中にはいわゆる超能力者といわれる人も一〇人くらいいて、いずれの人もなかなか身近な人に理解してもらえず、今後の生き方についてのアドバイスを求められることがあります。若い時から病気や怪我を治せる能力があって無料で人を治してきたので、今更その人からお金をもらいにくいし、お金をもらったらこの能力が消えるのではないかという心配です。そういう人は、ほとんど夫の理解不足が原因で離婚し、一人で子供を養わなければならないという不安を抱えています。そういう人には「世のため、人のためにやっているんだから、ちょっとなら二人の生活のためにお金はもらっていいよ」と言っていますが、それ以降「整体協会の規定なので今度から料金を」と言うと、皆さん快くお金を払っていただいているそうです。

この大震災の一ヶ月前、そんな超能力者の一人で、135ページで紹介した保谷八重先生から電話があり、「宮崎という文字と大地震の悲惨な様子が送られてきたので、地震が来ないように先生も祈ってください！」というお話でした。先生の周りには自分の予言やテレパシーに関しての話をうさんくさいと感じる人が多いので、何かにつけて私に知らせてくれるのです。また、私の健康状態も心配してくれて、飲み会が続いて体調が悪い時は、「先生、肝臓が疲れていたから取っておいたよ！」などと、勝手に遠隔療法をやってくれています。

大震災の次の日やっと電話が通じた時は、泣きながら「先生ごめん！　宮崎じゃなくて宮城だった。南の方に念を送っても効果無かったよね。こんなことになって！」と悔やんでいました。その数日後は「今、身体中が熱い。どうしたらいい？　助けて！」と言う電話なので、「原子炉に入っちゃったんじゃないの。ともかく水をたらふく飲みなさい！　一人で止めようとしても駄目だよ。水を飲んで体温を下げたら、戻ってきたほうがいいよ」とアドバイスしました。後日再び意識が原子炉のほうへ行ったら、自分よりも強烈な意識が何人かで温度を下げようとしていたそうです。

大震災の二週間後、今度は49ページで紹介した馬場偉至さんから、不思議な夢見の話がありました。彼は塔の歴史や材質や風水の知識は全く無いので、宇宙意識か誰かの潜在意識からもたらされた情報だと思います。以下まとめて主旨を紹介します。

江戸は、風水で最高の場所として徳川家康が天海大僧正という結界師に作らせた。その江戸も、明治維新を境に徳川の崩壊と同時に壊れはじめている。塔は、ゼロから始まり復興の力を天に通じさせるものである。戦後、焼け野原（火）でゼロになった日本を復興させるために、風水の力を使い皇居から鬼門に当たる場所に、〝火のシンボルである東京タワー（赤色）〟を作った。それによって炎のごとく、戦後の時代の経済発展の復興を遂げた。東京タワーは電波塔でもあることから、電波を通して日本全国にその復興パワーを送った。

火は燃え尽きると消えるように、東京タワーの炎の氣も消えようとしている。その炎が消える前に、皇居から表鬼門にある当たる方向に、東京スカイツリーを建てている。そのスカイツリーは、コウヤマキという木をモチーフにして作られている。コウヤマキという木は、昔から船を造るのに適していると言われる木で、火の力より水の力がすごく強く出ている木である。地上デジタルを普及すべく新たな電波塔を作ったが、燃える木の炎ではなく水の力で日本を復興させようと、新たな呪術が発動したのではないか。

富士山から皇居に向かって龍脈の氣が流れている。東京スカイツリーを建てた場所はその龍脈上にあり、氣の流れが変化してしまっている。龍脈の氣の流れが本来の皇居に入らず、東北の方に渦を巻きながら外側の海に抜けている。塔にはゼロからの出発という意味があり、また、スカイツリーが水のシンボルであるなどの条件が重なり、今回の大地震に津波が押し寄せたのではないか。新たな電波塔は良い氣も悪い氣も飛ばすので、地上デジタル放送が始まったら、水害が全国に拡がる恐れがあるので、全国民が注意力を喚起し災害に備えなければいけない。

以上が要約ですが、馬場さんは「僕は、東京スカイツリーが完成してから、水によってモノをゼロにする災害が、電波に乗って全国に拡がらないよう毎日祈っています。東京スカイツリーも、皆の幸せを願って作られていると思います。日本人の〝人をたててマナーを守る〟精神が神に届くことを願っています」と結んでいます。この大災害で、困った人々を惜しみなく援助する様子や、家族・知人・家屋を失ってもたくましく生きている姿を見る度に、昔の日本人気質の〝美徳〟を認識せざるを得ません。日本人には、どんな困難も乗り越えられる〝気骨〟が誰にも備わっているのです。

がんばれ日本人！　がんばれ日本！

「今世は良かった！」で死ぬために

私も皆さんも、今まで自分の人生という舞台で主役として生きてきました。しかし私などは、還暦を過ぎてから「人は宇宙の進化のために生きている」と気付かされたくらいなので、比較的平穏無事に生きてきたように思います。他から見ればただあわただしいだけで、忙しいながら順調満帆に生きてきました。こんな私でも、今から死を迎える直前までに何か世のためになることはできないのでしょうか？　いや、何かできるはずだし、それを探し出してやり始めなくてはいけないと思っています。

皆さんの中には、子供時代から不幸の連続で青少年時代に脇道にそれ、そのまま裏街道の半生を歩んできた人もいるかも知れません。逆に、裕福な家庭に生まれ、何不自由の無い生活を送り、それなりの学歴を得て社会に進出し活躍している人もいるでしょう。また、他の人と比べてみて全く平均的な半生を送ってきたなあーという人もいると思います。それぞれのタイプの人にとっても、今日の一日は平等に与えられ、**今この瞬間があり、変えられる未来が目の前にあります。**

昨年からあるゴルフコンペに誘われるようになり、年に三回ほどクラブを握っています。宅配便の宛名がいつも同じなので、練習場にも行かずにそのコンパに出場するだけなのだと知られ、いっそゴルフ場に預かってもらったらなどとからかわれています。下に置いてあるボールを打つだけなのに、コースを回る時に起きるハプニングに対処する感情や心のあり様は、まるで自分の人生の縮図を見ているようで、いつも自分の性格を思い知らされています。

自分の性格の長所・短所だけでなく、ご一緒させて頂いた方々やコンペ仲間の人たちの言動にハッと気付かされることも多いのです。この間は、たまたま七〇歳台のある人が「もう何十年も生きられないんだから、楽しく生きようよ。今いくらでも時間があるから、ゴルフだったらいつでも行くから呼んでくれ」と言っていました。私が見た限りでは、大変お元気そうで、まだまだ何かを成すことができそうに見受けられ、そのエネルギーをゴルフだけに使うのは勿体無いなーと思ったのです。

オステオパシーのロバート・C・フルフォードは、著書『いのちの輝き』で「いよいよ死ぬ時が近づくと、人は自分が考えてきたこと、おこなってきたことをふり返る。その時、愛のある生活をしてこなかった人は、自分の人生のむなしさに気づかされる。急に恐ろしくなり、死にたくないと思う。本当に生きてはこなかったことがわかったからだ」と述べています。

昨今の地球の経済状況においては、リストラにあったり、仕事に失敗したり、就職につけなかっ

たり、仕事が無かったり、ひどい怪我や重い病気になったりしていて、とても「世のため、人のため、ちょっと自分のため」になることはできないと思っている人が大勢いることと思います。自分のためにだけで精一杯だと怒られそうです。でも、少なくとも先進国と言われる国々では、衣食住はそれなりにあるはずです。終戦後の日本では、麻の袋を持ってお米などの托鉢に来る人が大勢いて、私の実家にも長い年月そのような人が来ていたのを覚えています。

少なくともこんにちの日本では、修行僧の人以外はこの様な人は見られません。不景気だ、リーマンショックだ、デフレーションだといって大騒ぎしていても、ほとんどの人は雨露を防ぎ、食するものを得ている現状に感謝しなくてはと思います。日本に生まれてラッキーだったと思います。そして、世のため人のためになることも、自分のできる範囲でほんの小さなことからでいいと思うのです。
我が家に迷い込んできた一匹の三毛猫がいました。うちの息子は一人っ子だったので、この〝まこちゃん〟と兄弟のように育ち、いつも一緒のベッドに寝ていました。二〇歳という猫としては高齢まで生きました。妻の詩集『ライフエネジー』には、最後の日の六行詩が載っています。

いつもは椅子を伝って降りるのに
まさかの見事な飛び降りジャンプ
美しい肢体の
燃え尽きる最期のジャンプだった
自分の可能性を最期まであきらめずに
まっとうするメッセージを残してくれた

このように、地球の人間以外の生き物は最期の最期まで生命を全うしているように思います。私たちは、生のエネルギーあるかぎり、心に定年を定めず、仕事が無くても動きを止めず、小さな尽くしをおこなっていくべきだと思います。死が訪れるまで生き甲斐を持ちながら日々暮らしていくならば、その時に「今世は意外と良かった」と思って死を迎えることができると思います。

宇宙（ＣＯＳＭＯＳ）

全ての宗教の神は一つである

私は、一九九七年に大学の特別研究費で「イエス・キリストの奇跡」の研究のために、イスラエルに渡りました。イスラエルにある宗教のメッカ「エルサレム」は、ユダヤ教、キリスト教、イスラム教の聖地であることは知っていましたが、実際エルサレムの市街内の城壁に囲まれたような聖なる場所では、あちらこちらでそれぞれの宗教の信徒たちがお祈りを捧げていました。異教徒同士が、同じエルサレムを聖地とし、もくもくと争いもなく祈り続けている様子に、不思議な気持ちになったものです。

ユダヤ教は、モーゼの律法を基にヤーウェを神として崇める宗教で、ユダヤ人は神の子でありイエスは救世主ではなく、いずれメシアが現れるとしています。キリスト教は、イエスを救世主とし、旧・新約聖書を中心に神の愛と罪の許しを説き、世界各国に拡まっています。イスラム教は、アラーの神を信仰し、預言者モハメッドへの神からの啓示コーランを経典としています。世界三大宗教と言われるものは、キリスト教、イスラム教、仏教ですが、仏教は仏陀の教えを釈迦が説いて、インドから全アジアに拡めたものです。

注目すべきことは、三大宗教に限らず他のあらゆる宗教に神（創造主）と神の子（預言者）が存在することです。其々の呼び名は違っていても、神と神の子（神様の代弁者）がいる共通点があり、神は姿を現さず神の子は人間であり、しかも神の子は数日間から数週間山籠りなどの形で世間の雑念から遠ざかり、私流に言えば**「地球から行方不明」になっている**ことです。この行方不明の間に、預言者たちは神との対話や創造主を深く敬っているハイレベルの魂に教えをこうむっていたに違いありません。

そう考えると、地球上のたくさんの国や民族が、自分たちの宗教の神こそが素晴らしく、他の宗教の神は間違っているという信念のもとに、対立や戦争を起こしているわけですが、結局は同じ神様＝宇宙意識を信じているのではないでしょうか。そう思うと、宗教統一を図ろうとして殺されたと言われる（歴史上は病死になっている）ローマ法王ヨハネス二三世がもしその大偉業を成し遂げていれば、この地球の少なくとも宗教的な原因による争いは無くなっていたのではないでしょうか。全ての宗教が、実は同じ神を信じていたということですから。

もう一つ、宗教にのめり込んでいる人に警鐘を鳴らしたいことがあります。宗教にはまる人は、比較的真面目で純粋な人が多いように思います。そのきっかけは、自分では解決できそうにない難問題が生じた時に縁があって頼り、教えによって納得のいく解決策が見つかったことで信仰の道に入ることが多いようです。信仰すること自体は何も問題がありません。ただ、あえて苦言を呈するならば、神様よりも人間（教祖など）が崇めたてまつられ、その人や側近にお金が集まっている状態や、お布施の強請が有形無形でなされる宗教は注意すべきだと思います。

イエスや釈迦やモハメッドなどはいつも素朴な衣装を身にまとい、最低限の食事を取り、乞わずして集まったものは全て貧しき民に与え、見返りを求めず体や心の病を癒しました。彼らの教えは素晴らしいものでしたが、それを宗教として拡め、利益を得たり権力を手に入れたのは後世の人たちでした。歴史的に見ても、本物の預言者たちは物欲の無い人たちでした。名前こそ違ってもこの宇宙を創造した力〝神〟は唯一のものなのです。

もし、あなたの教祖様が他の宗教の批判をしたり、豪華な寺院を建造したり、お布施を半強制的に集めているようならば、考えてみてください。唯一の〝神〟は「私の似姿のように人間を創った」のです。ですから、本来私たち一人一人は〝神の子〟であり、それぞれが思考力と創造力を持っており、そして全てを解決できる能力があるのです。

あなたは神の子であり、大宇宙の一部である

宇宙意識からもたらされる大宇宙力というエネルギーは、私たち人間には全く計り知れないダイナミックさと、想像もつかない緻密さをもっています。J・F・ケネディに影響を与えたG・アダムスキーは、「私たちの太陽系には一二の惑星があり、同じような太陽系が一二グループで

一つのユニットを構成している」と言っていました。自分たちの太陽系の大きさすら計り知ることができないのに、まさに大宇宙は想像もできない無限大の拡がりがあるのでしょう。

また、逆にミクロの世界を見てみると、この地球には約二〇〇万種類の生き物がおり、その一種類の中でも全てが個性を持って生きています。約六五億の地球人もそれぞれが個性を持ち、顔がそっくりな一卵性双生児でさえもDNAの塩基の配列が違うように、全く同じ人間は存在しないことがわかります。電子顕微鏡は、生物の細胞の原子や電子のしくみはもちろんですが、鉱物の振動さえも映し出しています。さらに近年ではそれより小さいナノ（一〇〇〇万分の一ミリ）レベルの超ミクロの世界の探求も盛んにおこなわれており、無限小の宇宙への期待もふくらみます。

ニール・ドナルド・ウォルシュの『神との対話』（サンマーク出版）を読んで、私は、短絡的な一人よがりなまとめですが「人間一人一人は神であり、人生はそれを思い出す旅である。その機会は何度も与えられ、魂は転生を繰り返しながら進化していく」というような解釈をしました。私は、この地球の全てのものは宇宙意識のエネルギーによって創り出されたものと思います。その宇宙意識を人間は神とか創造主とかグレートサムシング（何かわからない偉大な存在）と名づけたわけですが、もし〝神〟という名を使うならば、人間はまさに〝神の子〟だと思います。

その大きな理由は、人間は神のように思考と創造ができるからです。計り知れない大きな宇宙と、無限に存在する小宇宙を創り出し、そして一刻一刻進化させている神の力には敬服するばかりですが、スケールこそ全く違うものの、私たち人間も日々思考し創造しているからです。その人間には、神の子としての〝神性〟が誰にもあると思います。ただ、一人の人間に占める〝神性〟の割合が、私の場合わずか数パーセントであり、救世主と言われた人たちは九〇パーセント以上なのだと思います。

〝神性〟は地球の言葉で表すと〝真・善・美〟であると思いますが、神の愛に包まれた〝真・善・美〟であり、男と女の想念が愛に満ちた状態で誕生した時の生命体（赤ちゃん）は限りなく一〇〇パーセントに近かったのではないかと思います。それが、成長の過程において環境や体験によって低くなり今の自分になっているのだと思います。従って、どんな人間にも（犯罪者においてすら）、わずかばかりの〝神性〟があり、その残りの人生を〝神性のパーセンテージ〟を上げていかなくてはならないと思います。

わかりやすく言うと、イエス・キリストは深い愛に包まれた真・善・美の要素のどれもが九〇パーセント以上であった（前述の『神との対話』には、神は「イエスも完璧ではなかった」と述べている）と思います。そして私には、今まで真・善・美のそれぞれが数パーセント程度ずつしか無かったので、今から少しでもそのパーセンテージを高めていかなくてはなりません。

私たちはとかく、「一人の人間が、まして自分が世の中を変えるなどという大それたことなどはできない」と思いがちですが、今までの歴史の中でも、**たった一人の人間の想念と信念とパワーによって奇跡が起きた**ケースは多々あります。ですから、日々の生活の中で、神の子として少しでも考え工夫し創造することで家族が変わり、周りが変わり、日本が変わり、地球が変わり、宇宙が進化をとげる手助けになると確信しています。私たちはたった一人でも大宇宙の一部であり一員です。その一人一人が宇宙の隅々までゆっくり波紋を拡げる小石のように、あっという間に燃えつくす野火の種火のような存在として生きていくべきである——私はそう考えるのです。

今こそJUST　TIMMING

私は、癒しの世界に興味のある人に「フィジカルセラピスト」として自分の住んでいる市町村で開業して、住民たちの痛み苦しみを無くするために働くことを勧めています。私の夢は、退職してから日本中を回って歩き、その市町村の中でミラクルな人生を送っている人と会ってお話を聞くことです。その時、ぜひその人に市内を案内してほしいと思っています。

さて、開業を勧めたり講演会・講習会で指導していると、必ずこういうことを言う人がいます。

「先生と、もう少し若い時に出会っていれば、開業できたのに……」

私はこう言います。

「私と出会って〝癒しの世界〟に興味を持ったのなら、今がそのチャンスなんですよ。今から一〇年前だったら、あなたはこの仕事に興味も無かっただろうし、私もまだフィジカルセラピーの研究が十分で無かったから、お互いに引き合わなかったでしょう」

全ての人に、色々な事件が起こり、さまざまな人々との出会いがあります。それは、その人にまさにちょうど良く機が熟して現れています。

湘南スポーツ整体院の鶴田昇さんは、六二歳の時に私と出会い、三年後の年賀状には「平成一六年、患者数延べ五〇〇〇人でした」と書いてありました。

北海道二海郡の淡路東子さんは六八歳の時に私と出会い、開業したら患者に「魔法の手」と言われ、六年後の今も夜一〇時まで施術しています。

人間の一生の出会いは銀河鉄道の列車のようです。無限に続く旅の途中に同じ車両に乗り込んで時を共有し、何かを残し下りていくわけです。自分がその車両に乗り込んだ時に既にいた乗客のほとんどが先に降りていきます。比較的長く同じ席に座っていた人たちも、それぞれ別々に自分の駅で降りてしまいます。途中から乗り込んできた人たちを乗せて列車は出発し、乗客の入れ替わりを受け止めながら、銀河のレールの上を終わりなき永遠の旅を続けながら走り続けます。

地球号の一両目には超人たちが、二両目には一流の人たちが、三両目には二流の人たちが、四両目にはそれ以外の人たちが乗っていて、それぞれ前の車両にしか移動できません。一両目の人たちはあらゆる分野において、地球のために宇宙の進化のために貢献した人たちで、例えばイエスや仏陀であり現代ではリンカーンやマザーテレサなどが乗客でした。その人たちは何処かの駅で、特急のような金星号に乗り移って（生まれ変わって）新たな旅に向かったと思われます。

私は今三両目の前のほうに乗っていると自分では思っているのですが、「自分と少しでも縁があった人は全員幸せになってもらいたい！」と思って活動しています。今日より明日がちょっとでも幸せな気持ちになれば、その人の家族が明るくなり、家族に接する周りの人たちが楽しくなり、拡がって日本だけでなく地球全体が元気になり、地球の波動のレベルが高くなります。ひいては、宇宙の進化につながってくるのです。

あなたが今やってみたいことは、あなたにその準備ができたから現れたのです。「**以前では無理だった、後では遅くなる！**」ということを潜在意識が感知して、今ちょうどよいタイミングで現れたのです。さあ、一歩踏み出しましょう。「世のため、人のため、ちょっと自分のため」になることならば、何の分野でもあなたに可能です。このことを信じて、そして自分を信じて、今こそ〝ジャストタイミング〟なのです。

アダムスキーとJ・F・ケネディ

一九五三年に一冊の本が出版され、全米で大センセーションを巻き起こし、世界中に翻訳出版されました。本の題名は『Ｆｌｙｉｎｇ Ｓａｕｃｅｒｓ Ｈａｖｅ Ｌａｎｄｅｄ』（空飛ぶ円盤は着陸した）で、著者はデスモンド・レスリーとジョージ・アダムスキーとなっています。アダムスキーが空飛ぶ円盤と遭遇し、他の星の人々とコンタクトをとった事件のノンフィクションで、私は中学三年の時に日本語版を読んでいます。

一九五二年一一月二〇日、アダムスキーが六人の仲間とカリフォルニア州デザート・センターから一七キロほど離れた場所に行った時に、一機の空飛ぶ円盤と遭遇します。その中から降りてきた一人の人間とアダムスキーは、テレパシーで交信をします。金星の映像や核実験の映像が送られてきたので、アダムスキーは「この人は金星人で、核実験に憂いを感じている」と悟ります。一時間弱の会見の後、「後で返すから」というジェスチャーに応じて、アダムスキーはネガホルダーを渡します。

一二月一三日、アダムスキーの住むパロマー・ガーデンズの家の上空に同じUFOが現れ、約束どおりに貸したネガホルダーが丸窓から投げ落とされました。その時に撮影したUFOの写真が地球人が写したものの中では最も大きくかつ鮮明なため、その円盤は「アダムスキー型円盤」と名づけられ、今日でもUFOの代表的形として知れ渡っているのです。

一九五三年二月一八日、テレパシーで呼び出されて行ったロサンゼルスのホテルで、アダムスキーは二人の男性から同行を求められ、車で二時間ほど離れた砂漠で再びあの金星人と再会し、初めてUFOに同乗することになりました。以前と違い彼は、全く訛りの無い流暢な英語を話せるようになっていました。小型のUFOはスカウトシップと言いますが、数分間で何キロもある巨大な母船まで運ばれたアダムスキーは、その中にいたマスターから宇宙的生き方や宇宙的哲学を学び、さらに地球の危機的状況を聞くことになります。

他の星の人々は、テレパシーを身につけているので、言葉の騙し合いが無いし戦争も無く軍隊も無い。フリーエネルギーの利用で全てが動いているので貧富の差が無く、争いも無いので警察が無い。起きている時も寝ている時もいつも創造主（宇宙意識）を崇めている。地球で核実験をやるごとに地球の自転の速度が遅くなり温暖化する。さらに続けていると地軸が傾き、大災害や爆発によって壊滅する危険性がある。地球が滅びると太陽系の各惑星まで波及し、太陽系が破滅する可能性がある。地球での核実験を止めてもらいたい。

この本の内容を信じてアダムスキーと接触した男がいました。まだ上院議員だった彼は、アダムスキーと親密になって宇宙的哲学を語りました。彼は、アダムスキーが語った金星の社会を理想とし、地球を平和で豊かな星にしたいと考えたのです。

彼は後に大統領になり、月が地球監視の基地になっているという事実確認のために、〝アポロ計画〟を立てました。地球平和宣言を旗印に、冷戦の解除、ベトナム戦争からの撤退、麻薬撲滅、ＣＩＡの解体などを行おうとし、それらに不利益なグループの集合体によって凶弾に倒れたのです。彼の名は、Ｊ・Ｆ・ケネディ――。

大統領が暗殺されたことで、アダムスキーは身の危険を感じ野に下りました。

一九六五年四月二三日、過労による呼吸困難と心臓病のためアダムスキー死去。享年七四歳。

宇宙的ミラクルワード

本書の最後に、「宇宙的ミラクルワード」をご紹介します。

「ミラクルワード」と言えば、本書の27～37ページで既に七つのミラクルワードをご紹介しております。個人的な願望実現が目的であればそれで十分ですし、私自身もこのミラクルワードを利用し続けています。

しかし、このミラクルワードもいろいろと細かい修正や変更はしているものの、あくまでも地球上における実社会での願望実現を目指しています。しかし、いろいろ思考していくうちに、私の中で「世界的というよりもっと大きな**宇宙的な哲学的言葉を唱え、潜在意識に植えつけなくては**」という想いにかられたのです。

そこで新しいミラクルワードを作成し、これを「宇宙的ミラクルワード」と名づけました。全部で一〇項目あり、これも覚えやすいように「あかさたなはまやらわ」の頭文字で並べました。

先に紹介したミラクルワード同様、カセットテープやＩＣレコーダーなどの録音機器に吹き込んでご利用ください。もちろん、自分のお好みのミラクルワードと差し替えていただいても結構です。

あ　あらゆる物事は、宇宙意識によってもたらされる

『人事を尽くして、天命を待つ』という諺があります。人間が一生懸命やれるだけやって、最後は運命を神様（天）にお任せするということです。

ただしこれは、やれるだけやったと思っている人間の独りよがりの逃避ではないかと思うのです。自分が人事を尽くしたと思っていても、人間は結構怠け者であり、横着であり、どこかでつい手を抜いてしまっているものです。あることに人事を尽くしたという人々が何人かいるとして、その誰が勝利を得るかは神のみぞ知ることのような気がします。

この世に神というものが存在するとしたら、多分あらゆる物事において、「あなたは六五億分の第何位です」とか言うことができると思います。例えば、交通事故を起こすランキングの一位から六五億位までは、その人の粗野な性格、スピード狂の具合、集中力の欠如、その日の体調や精神状態などを瞬時に判断し、決定できるかもしれません。オリンピックなどで〇・一の点差を競う競技も多数ありますが、その判定結果に不満が噴出することがよくあります。未熟な人間のすることですから仕方の無いことと言わざるをえません。

この地球に住む人間の行動も、他の万物の生死や運命も、全ては最終的にはこの大宇宙を動かしている〝何らかのパワー〟が決めているのではないかと思うようになりました。

私たち人間が、「これは奇跡だ！」と大騒ぎしていることも、また「奇跡的出会いだ！」と感動していることも、日常生活において起きる偶然の偶然も、絶え間なく進化している宇宙の流れ

の一環のように思えるのです。

だからといって、宇宙意識に任せて何もせずに待っているということではありません。大宇宙のパワーは全ての人間に平等に降り注いでいます。

ある目標に挑んでいる人々がいたとします。そのうち、強敵が何百人いようと他の誰よりも努力し、自分の潜在能力に信頼を寄せている人には、最も分厚い凸レンズのように何倍ものエネルギーが集中して援助し、その目標を達成させると私は思っているのです。

そのように考えると、この宇宙に起こるあらゆる物事は、宇宙意識によって全くパーフェクトに遂行されているに違いありません。自分が成功できたら宇宙意識に感謝し、他の人が目標を達成できたら素直にその人の努力を評価したいものです。私たち人間には計り知れない宇宙意識が平等に働いて、全ての物事を進めているのでしょう。

か　考えることと創り出すことは、人間に与えられた天職である

この地球上には約二〇〇〇万種類の生き物が生存しています。その全てがそれぞれの特徴で生きていますが、人間の特徴は何でしょうか?

他の動物と違い、生まれてから数年間も親の保護を受けなければ生きていけない人間が、この地球を一応支配している（形になっている）わけですが、その歴史を振り返ってみると、人間は火を使い道具を使い、器具や機械を作り、電気やコンピューターも作り出して地球の文化を創り

出してきました。そこには、他の生き物には見ることのできない大きな特徴があります。

それは、すなわち体の大きさにそぐわない程の、〝大きな脳〟です。その大きな脳の働きの一つが考えることであり、創り出すことだと思います。ある宗教では、「神の似姿として、人間が造られた」のだから、神のように色々なものを造りだすことができると言っています。私は、人間は神（創造主）という存在とはほど遠いものだと思います。何故なら、神様なら他の人間を殺傷したり滅ぼしたりする武器や戦闘機器、原子爆弾などは造り出さないだろうと考えるからです。

ただし、目標をこの地球の平和や幸福のために掲げた時には、誰にもその目標を達成し自分も幸福になれる能力が備わっていると思います。何故なら、誰にも他の生き物にはない〝大きな脳〟を持っていて、それを使うことによってのみこの地球で生きていけるからです。「私には何の取りえも能力も無いから」という人と出会いますが、そういう人は脳を働かせず、考えることと創り出すことをしていないだけなのです。逆に言えば、どんな人でも大脳を働かせて考えることと創り出すことをおこなえば、道は開けるのです。

よく自分の仕事に対して「天命」とか「天職」という言葉が使われます。私は、人間にとって「天命」は〝地球や宇宙の進化に貢献すること〟であり、そのために〝あらゆる人がさまざまな分野で、大脳を使い考えることと創り出すことをおこなうこと〟が「天職」であると考えました。自分の仕事が何であれ、行き詰まったりさらに発展させたいと思った時は、人間の天職である「考えることと創り出す」をおこなってください。必ず、ミラクルへの道は開けると思います。

さ　細胞に働きかけると、自分も他人も健康になる

私たちの体は約六〇兆もの細胞からできています。その内の約一四〇億の脳細胞で判断すると他の細胞は何も意識が無いように思えます。『あなたの細胞の神秘な力』（祥伝社）には嘘発見器の権威バクスターの話が載っています(124ページ参照)。最初は植物の実験から初め果物、卵、ヨーグルト菌に進み、最後は人間の白血球や髪の毛の実験の結果、一個一個の細胞が意識を持っているとしています。実験に興味のある人は、二〇〇五年に刊行されたバクスター本人の著書『植物は気づいている』（日本教文社）をお読みください。

大宇宙が与えてくれた人間の生命には、誰にも自然治癒力があり病気や怪我を治癒する働きがあります。例えばガン細胞は一日三〜五千個発生していますが、普通の場合ＮＫ細胞などが働いて毎日攻撃し退治してくれています。それでも、昨今の世界中でガン患者が増え、日本では不治の病と恐れられているのは何故でしょうか。アメリカのガン医療界では化学療法は無力であるとして、代替療法に移る傾向にあるのに、日本ではまだ抗ガン剤や放射線治療に従事し、自然治癒力や免疫力の重要性の認識が薄く、家族や知人の死を目の当たりにし、必要以上の恐怖を感じている人が多いからです。

私は、病気の原因はストレスだと思います。そのストレスには精神的ストレスと身体的ストレスがあり、そのそれぞれに外的ストレスと内的ストレスがあると思います。精神的ストレスの外

的なものは人間関係などで内的なものはマイナス思考などです。身体的ストレスの外的なものは空気汚染などで内的なものは食生活などです。

しかし、いずれにしろその人間が生きていくためには、主人公ともいえる大脳が「生きていくぞ！」という指令を出さなければなりません。例えば、仕事に失敗してもう死んだ方がいいなどと考えると、主人公の考えに従ってあらゆる細胞がその方向へ進んでいくのです。

逆に、たとえ末期のガンだとしても、「生きていけるかもしれない」と思えるような事例や出来事に出会った時には、自然治癒力が働いて治癒することがあります。本人が病気の治癒を確信した時に、奇跡的にガンが消滅したというような例がさまざまな宗教や治療機関にも見られます。最近の温熱療法でガンが治癒した例を私も聞いています。それらに関わった宗教や治療師や医療行為は副次的要素であり、「ひょっとしてこれで治るかも知れない」と思った本人の大脳の思考によって細胞たちが治癒に導いたのだと思います。

私は、バクスターの実験で、自分の約六〇兆の細胞が主人とも言える潜在意識の働きの影響を受けることと、ダフネ・ピールの実験で自分の想念が他者の細胞に働きかけることができると信じています。従って、フィジカルセラピスト養成講座の生徒の皆さんにも、「患者は全て自分の家族だと思って施術する」ようにお願いしています。それは、患者さんの潜在意識は、施術する者が本当に治したいと思っているかを感知し、細胞の自然治癒力が活性化するからです。細胞に働きかけることができれば、治療師だけでなく一般の人々も、自分や家族や他人をも健康にすることができるのです。

た　魂は転生を繰り返し、永遠の学びが続いていく

二〇世紀の後半までは、地球上の人々で〝生まれ変わり〟を信じている人は少数であったと思います。しかし、二一世紀を一二年も過ぎた今日この頃では、この日本においても転生という言葉が頻繁に聞かれますし、私が転生という言葉をこのような本のテーマに挙げても非難されない風潮になっています。これはひとえに、ブライアン・L・ワイス博士の『前世療法』と飯田文彦さんの『生きがいの創造』（ともにPHP研究所）のおかげであると思います。

私自身はアダムスキーの奥さんが金星で生まれ変わっていた話やJ・F・ケネディがドイツで生まれ変わっていた話などを聞いていましたので、転生は当たり前のこととして、大学の健康科学の授業でも取り上げてきました。

旧約聖書にも新約聖書にも〝輪廻転生〟は掲載されていたのに、三二五年ローマ皇帝コンスタンチン大帝が新約聖書より削除し、五五三年には第二回宗教会議でこの概念は異端の考えであると宣言されました。即ち、そこにはキリスト教団という巨大な宗教団体の拡大戦略があったはずです。輪廻転生を認めていると、罪を犯してもどうせ生まれ変わるのなら恐れることが無いと考える人も出てくるわけです。教会としては、罪を犯したのために教会を訪れ、イエスやマリアの像の前に膝まずき、許しを得てお布施を惜しみなく捧げるシステムが教会の存続と発展に必要

だったのでしょう。

ワイス博士は二七歳のキャサリンの退行催眠によって、四〇〇〇年も前の一生を思い出させ、何百回もの転生とその間の死後直後の様子や、我々を導く光のエネルギーやマスター（精霊とも思える）の存在も知らせてくれました。さらに、私たちのほとんどは、転生を繰り返しながら魂を高レベルに高め、次の生へと進むそうです。次の生では新たな肉体を持ち魂の研鑽を積むことによってレベルの高い文明（星）に生まれ変わります。アダムスキーは、それはまるで次のクラスに進級して新たな勉強をするようなものだと述べています。

私たちは、縁あって今世のこの肉体に出会い、生まれた環境や境遇の中でさまざまな体験をしますが、それは魂の成長のための教材だと考えられます。社会の中での不遇、失職や、人間関係でのストレス、いじめや、家庭内での不調和、行き違いなど、さらに災害、事故、病気、犯罪などに期せずして遭遇することもあると思います。でも、これが、魂の修行としてもたらされたものならば、甘んじて受けて解決し、今世の魂の成長に貢献したらいいと思うのです。

「何で私にこんなことが起こるのか？」と思っている人は、死ぬまで難題が押し寄せるのが当たり前で、これを解決して魂が成長したら一ランク上の来世に生まれ変わることができると思ってください。しかも、この世に生を受けた人は誰も、奇跡的確率で誕生し、難問を解決できる能力が備わっており、宇宙意識の援助のパワーが降り注いでいるのです。このエネルギーを取り入れて、次々に起こる難問に立ち向かい、自分の課題や勉強にチャレンジしてください。私にもあなたにも、永遠なる課題が次々とやってきます。さまざまな学びが自分を成長させ、進化させてくれるのです。今日もどんな学びがやってくるのか楽しんでください。

なに何に対しても、愛情と慈《いつく》しみを持って接しよう

この地球には〝性善説〟と〝性悪説〟がありますが、地球外の惑星はほとんど〝性善説〟のようです。即ち、宇宙意識（創造主または神）が宇宙の進化のために創り出した人間が、少なくとも誕生から物心つくまでの数年間は〝善〟の意識を秘めているということです。それが少しずつ〝悪〟の意識を持つ人が出てくるのは、太陽系の中で最も若い地球の役割とカルマのせいであると聞いています。したがって本来、地球の人間はすべて〝善〟の心を持ってこの世に生を受けていて全ての人が、愛すべき存在なのです。

では、人間だけが特別なのでしょうか？　いいえ、そうではありません。兄弟のような動物も、エネルギーをくれる樹木も、安らぎをくれる植物や草花も、波動を感じさせる鉱物や石も、すべては宇宙意識によって生み出されている同じ仲間であり、同じ原子成分の同僚なのです。ですから、海でイルカに救われた子供とか、狼に育てられた赤ん坊とか、大樹に教わった聖者とか、植物と対話する花屋さんとか、宝石で命を救われた人などもこの地球に存在するわけです。

なかなか難しいことですが、何に対しても愛情と慈しみを持って接したいものです。イエス・キリストの有名な『右の頬を打たれたら、左の頬を出せ』という言葉は、まさにこのことを言い

現わしていると言えます。私は一九九七年にイスラエルを訪れ「イエス・キリストの奇跡」の研究をおこない、科学的な究明をおこない、造形大の紀要に掲載しました。

イエスもそうなのですが、仏陀やモーゼ、空海などといった悟りを啓いた人たちは、ある程度長期にわたる山篭りをおこない、その後に自分の教えを拡める活動を始めています。この人たちはいわば一時的に地球から行方不明になっており、その間に地球人には想像もつかない宇宙の原理を学ぶ機会があったのではないかと思えるのです。

鉱物は人間にエネルギーを与え、植物は癒しを与え、動物は安らぎを与えます。しかし人間は、それらの全てに相反する略奪や破壊や殺戮を繰り返してきました。これでは与えられるばかりか、恩を仇で返していると言わざるを得ません。それならばせめて、同じ成分仲間である鉱動植物を大切にし愛情を持って接したいものです。

その上で、同じ人間の仲間たちも愛していきましょう。もちろんその中には、自分と気の合わない人、他人から煙たがられている人もいるでしょう。それどころか、犯罪者だっているかもしれません。それでも、全ての人々に対して愛と慈しみを持って接したいものです。

読者の皆さんの中には、ご自身が犯罪に会い、また、家族が犯罪に巻き込まれた経験がある方もいるかもしれません。妻の話ですが、一昨年前に北新宿の研究所が放火に遭いました。自分の家族が犯罪に遭った場合に、その犯人を許すことが出来ないくらい憎いのは当然だと思います。自分の
しかし、昔から「人を呪わば穴二つ」といい、他人を呪うと相手だけでなく自分の細胞も傷つ

けてしまいます。自分の細胞のため、自分の精神世界の発展のため、自分の来世の幸福のために、愛と慈しみを捧げて欲しいと願っています。イエス・キリストの足元の靴ひものきれっぱしぐらいでもいいのです。地球上の全てのものに、愛情と慈しみをあげましょう。私ももっと人を憎まず、全てを愛するように励まなくてはと日々反省しています。

働くことと糧を得ることは、生涯を通しての喜びであり義務である

私の知人に、若くして億万長者になった人がいます。「僕は六〇歳で仕事からリタイアして、後はのんびり旅行でもして暮らしていくよ。もう一生利子だけで暮らしていけるくらいは稼いだし～」となんとも羨ましいことを言っていました。世の中が順調満帆のままだったらそれで楽しくハッピーエンドになったのでしょうが、日本にはバブルの波が押し寄せ、アップアップしているうちにバブルがはじけて消滅してしまいました。

〝この世の中で不変なことは、変化することである〟という言葉の通り、ホイホイ融資していた銀行が貸し付けた資金を回収できずに大赤字となり、銀行が融資を貸し渋ったことで倒産する会社が続出するという事態を引き起こしました。勤めていた会社が倒産したり、リストラに遭ったり、リストラは免れても業績悪化で給料がカットされたりする状況になりました。収入が減った人たちはもちろん、そうでない人たちも将来に対する不安からか、買い控えをしたりなるべく安いものを購入するようになったことで、経済流通の悪い連鎖が起きてしまいました。その結果、

銀行の預金金利がゼロパーセント近くまで下がってしまったのです。

どんなに大金持ちでも、減る一方の預金残高はあせりと不安とストレスをもたらします。結局彼は、何かしなくてはならないと考え、新たなビジネスを始めたそうです。彼が若い時の才能を発揮できれば、また再び第一線に返り咲くことはできるでしょう。しかし、それは自分と家族の経済的な側面だけを見ているような気がします。

私たち人間は、この地球に生を受けてからたくさんの人々にお世話になり成長して来ました。その人たちにはもちろん、直接触れることのない他の国の人々をも、少しでも幸せにする義務があるのではないかと思います。ほんの少しのことしかできなくても、この地球の進化において向上のエネルギーになるはずです。

私は、全ての人間は、生を受けたことに感謝をし、生涯働くべきだと思います。働くというのは、何もお金を稼ぐことに限らず、死の直前まで行動をするということです。動物は死のギリギリまで何かをしています。同様に、私たち人間も何かをしながら死んでいくべきだと思うのです。

例え高齢だとしても、愛する家族のために糧を得てくるだけの気構えが必要だと思います。ほとんどの世界において、母は子のために身を削り自分を犠牲にしていますが、それが母の喜びであり自然界の教えでもあり、私たちが子孫に伝えていくべきことだと思うのです。

人生の道のりを振り返ってみると、喜びと悲しみとか、楽しみと苦しみとか交互に押し寄せてくるような気がします。そのサイクルの長さはさまざまですが、それを今世で得た自分のこの肉体で感じることができるのは、大変幸せなことなのです。自分という生命を得て、始めて感じることができるのです。ですから、生命を返還するその日まで、苦労の後の喜びを何度も感じながら働き（動き）続けたいものです。

まえを向いていれば、失敗も成功の橋渡しとなる

私は、なるべく物事をポジティヴに考えるようにしたいと思っています。目の前に現れた現象は同じなのに、考え方がネガティヴだといつまでも尾を引き、そのことに引きずられることで無意味な時間が過ぎていくからです。今、科学の世界では、量子力学という分野の研究が脚光を浴びています。電子よりかなり小さい〝素粒子〟に焦点を当てているわけですが、電子顕微鏡で見ると電子が振動しているのを見ることができます。このことからわかるのは、人間も動鉱植物も振動しており、波動を起こすことで影響を与え合っているということです。

私は毎年八月のお盆頃に山形県の田舎に帰省しますが、いつも東京駅の構内にある書店で気に入った本を一冊買って、電車に乗り込みます。帰省の往復の時間も、出張整体講座の往復の時間も、私にとっては大切な読書タイムなのです。二〇〇八年は、『ザ・シークレット』（角川書店）という本に出会いました。アメリカの成功者の人たちが自分の体験を述べており、潜在意識の〝引き寄せの法則〟について書いてありました。心から願えば幸せも富みも健康も、宇宙の無限のカタログから受け取ることができるというものです。

『ザ・シークレット』の場合、潜在意識に働きかけることができれば何でも叶うということで、自分の本が売れて印税が入ってくるように、古い小切手に金額を書いてそれが本当になるように願い、叶ったというような例が載っていました。現在、本で紹介されていた成功者のその後の経過は知らないのですが、その人たちの何人かは成功のレールから外れてしまった人がいるのではないかと想像しています。もし、そういう人が出ていなければ幸いなことですが。

というのも、私の持論として「どんな分野でも〝世のため、人のため、ちょっと自分のため〟を守れば成功する！」というものがあるのですが（詳しくは193ページで後述します）、本に載っていた成功者たちの多くは、自分のための成功や経済的な豊かさを得るために〝引き寄せの法則〟を使っていた印象が強かったからです。

私たちが進む方向は、ほんの少しでもいいから世のため、人のためになる方向に前向きに進んでいくことが大切であり、失敗をネガティヴとして焦点を合わせず、次のステップの橋渡しになることを目指すべきです。どんな物事もステップ・バイ・ステップで段階的に進みます。自分がほんの少しでも高まれば、一段と高い視点から世界を見渡すことができます。前向きにステップの先を見据えていれば、一段踏み外したとしても、すぐに挽回して登ることができます。死に直面したとしても、少しでも宇宙の進化のために前向きに生きたいものです。

や　優しさと思いやりは、いかなる人の心も開く

イソップ物語の『北風と太陽』の話ですが、旅人のコートを脱がせるのは、激しい北風よりも暖かい太陽（愛の心）だということです。思い起こすと一〇年ほど前に、静岡第一ホテルで薬局の方々の新年会に呼ばれて講演をしました。「薬局は人生相談局でなくてはいけない」というテーマで、「自分が体の具合が悪いので薬を買いに行ったのに、自分より具合の悪そうな薬局の店主（不景気で暗い）の顔を見たら帰ってしまうよ！」「店主はいつも頼れる存在でなければならない」などという話をしましたが、世話役を務めてくれた沼津市のプチシルマ健康館の三好泰枝さんは、その内容に深い感銘を受け、その後人に対して〝太陽のように〟接しているそうです。

私は、それまでは、身体の痛みや苦痛、怪我などは、リンパ節を優しく揉みリンパの流れの促進を許れば治せると信じていましたが、精神的なものは治せないと思っていました。

二〇〇九年四月のことです。先月卒業したばかりの教え子（佐藤ゼミの元学生）が私の研究室を訪れ、一枚のレターを渡してくれました。その中には、パニック障害とうつ病に悩まされ自殺未遂を何度も繰り返した生々しい事実が書いてありました。何故立ち直れたのかというと、「全てのことに感謝し楽しめる心を、私は持てるようになっていました」とのことでした。「不登校だった弟もなぜか元気になり、学校に楽しそうに行っています。不思議です」と結んでいます。

生まれてきた赤ちゃんは無心で母に身を任せています。何も疑わず、何も恐れず、日々発育し成長していきます。しかし、地球の人々は赤ちゃんにテレパシーで接することがないために、それぞれが成長する体験の中で言語や態度によって影響を受け、傷つき、悩み、恨み、恐れを持つようになり、反社会的な行動を取るようになる人も出てくるわけです。中には犯罪を犯す人たちもいるわけですが、本質的には赤ちゃんの時に母親から感じる愛情や、人々の優しさや思いやりに感動する細胞の感知力は持ち続けていると思います。

私はたまたま教員であり、施術師であり、どんな学生にも、どんな患者さんにも、優しさと思いやりを持って接しないといけないのですが、他の職業についている人も、太陽のようにあらゆる人に暖かい陽射しをあげてもらいたいと思います。誰の優しさも思いやりもその人の心を開くことができると思います。まして、知人や友人、そして血のつながっている家族の心からの愛情はその人の重い心の衣を脱がせることができると信じます。周りの人を優しさと思いやりで包んであげると、とんでもない奇跡が起こると思います。

ら　楽しようとすると苦労が来、苦労に飛び込むと愛が来る

私の知人で退職した年に脳溢血で倒れた人がいます。その人はいつも、「退職したら奥さんと一緒に日本全国の温泉周りをやるんだ」と言っていたのですが「こんなことになってしまって情けない」と嘆いていました。

ほかにも、患者さんの中で「退職したらお百度参りをしようと思っていたのにヘルニアになって階段も登れなくなった」とか、「六〇でリタイヤして海外旅行三昧の予定だったのに、脊椎狭窄症になって車椅子になってしまった」とか、「仕事を辞めて可愛い孫の世話をしようと思った

ら病気になった」などという人がいて、ひどい人だと退職後一年以内で難病で亡くなってしまった人もいました。

私たちは大宇宙から生命力と言う素晴らしいエネルギーを授けられ、それぞれの使命と役割を持って生まれてきたはずです。にもかかわらず、生まれてきた風土や文化の違いによって、その生命力を自分勝手に解釈をして、自分のエゴのために使おうとする時に、大きな試練がやってくるのではないでしょうか？　人間の生体システムは、「霞ヶ関ビルの何百倍ものコンピューターを稼動しても追いつかない」と言われています。それほどに素晴らしい身体を私たちは手にして、日々生きているのです。

宇宙意識（神とか創造主などと呼ぶ人もいますが）が、この地球そのものや、あらゆる動植鉱物がより良い進化を遂げるために、人間にこのような素晴らしい身体や能力を与えてくれたのに、人々は小さな社会通念の枠の中で、自らの創作エネルギーを封印しようとしてしまいます。まだまだ地球の仲間たちのために色々な援助ができるのに、自分や家族や知人のために残りの人生を楽しく過ごそうというのはエゴイズムに他なりません。大過なく定年退職を迎えたので後は好きなゴルフ三昧をとか、家族に苦労かけたので罪滅ぼしに妻と温泉めぐりとか、節約苦労して貯めた貯金で別荘買って自分にご褒美とか、退職金で毎年世界旅行ツアーに行く予定だなどと、退職後の個人的な夢をあれこれ模索している矢先に、何処からか苦労が舞い降りてくるわけです。でもそれは、宇宙がそれらの苦労を与えているのではなく、自分の潜在意識がまだ地球のために役立てるエネルギーを持っているのに、個人的な幸せの成就のためにだけ使おうとすることに「待った」をかけているのではないでしょうか？

生体科学的に捉えてみると、人間の深層心理的な影響が苦労を引き寄せているのだと思います。顕在意識的にはさまざまな言い逃れで自分を納得させても、潜在意識的には自分たちだけが幸せになることへの反発を感じており、自分を苦労するように導いていると考えられます。本来は、自分も他の人々も動植鉱物も、今より少しでもあらゆる面で豊かになる方向へ進んでいくべきであり、死が訪れるまでその方向に生命エネルギーを使うべきだと思います。

その一方で、私の周りには定年退職してから、大変な苦労に飛び込んでしまった人がたくさんいます。例えば、医療機器輸入会社の社長をしていた若山利文さんは、退職しようとした矢先に友人で免疫学の権威でもある及川胤昭理学博士が、活性酸素と結びついて無害な水にするマイナス水素イオンの研究に乗り出したことを知りました。そこで私財を投入し、開発の応援に乗り出したところ、及川博士が食用サンゴに水素を閉じ込めることに成功し、〝固体水素〟を完成したのです（64ページ参照）。若山さんは現在も、その熱意とアイディアで自然環境を守る新技術の開発と普及に努めています。

63ページで紹介した村田昭久さんは、さまざまな製薬会社に勤めていた友人たちが退職して悠々自適な生活を送っているのに、さまざまな病気を治す〝ラドン温浴〟に魅せられ、三階建てのビルをラドン施設にしてしまいました。その後、ホルミシス臨床研究会を立ち上げ、ラドン温浴やホルミシス効果についての二冊の本も出版しています。その考えに、若手の医師たちが賛同し、ガンや難病を克服するためにラドン施設を設置したり、医学界に新風を巻き起こす手伝いをしています。

紹介したお二人に限らず、自ら望むと望まないにかかわらず、何歳になっても苦労に飛び込んで、世のため、人のためにエネルギーを注ぐ人には、周りの援助がたくさんもたらされるように思います。真摯な気持ちを人間の細胞同士が感知したり、潜在意識が宇宙意識とつながり、必要な援助が降りてくるのです。積極的に苦労に飛び込むと、他の人のたくさんの愛を受けることができると私は信じています。

わ　私たちの潜在意識は、いつも宇宙意識とつながっている

私が運命の出会いとも思っている書籍『ザ・シークレット』を購入した一か月後のことです。総合講座の「東洋と西洋医学の相違について」の資料を作成すべく、新宿の書店に関連書を探しに行きました。不思議にも真っ直ぐその本棚に行くことができ、二冊の本をレジに持って行き会計をしました。ふと、長いレジのカウンターの左側を見ると、そこに『ザ・シークレット』の日本語版ＤＶＤが一巻置いてあります。「これどうしたんですか?」と店員に聞くと「お客さんが購入しようと思われて持ってきたんですが、お金が足りなくて置いていったんです」というので、思わず私は「いやぁ、これは私のために置いていったんだよ。これも頂戴!」と言って、そ

の店にあった最後の一巻を手に入れることができました。

このようにして、一昨年はニューヨークを拠点に活躍しているサイキックカウンセラー・原田真裕美さんの『あなたに奇跡が舞い降りる50の方法』（PHP研究所）や、『前世療法』で有名になったワイス博士の『ワイス博士の瞑想法』（PHP研究所）が手に入ったり、昨年の新春には元世界銀行人事カウンセラー・中野裕弓さんの『宇宙とつながる成功習慣』（ビジネス社）と出会いました。

私だけにではなく、本当は全ての人の潜在意識と宇宙意識は〝運命の金の糸〟でつながっているのですが、一般の人たちはそこに意識を向けていないために、その存在の認識もその恩恵も受ける準備が整っていないだけなのです。〝運命の金の糸〟は私の半生のほとんどに恩恵をもたらし、困難なことにはアイデアを与えてくれ、それによって私を導き育ててくれたことに心から深く感謝しています。

『ザ・シークレット』では、これを「宇宙にある何でも手に入れられるカタログ」といい、『宇宙とつながる成功習慣』では「海の下では皆つながっている大地（真我）」と言っていますが、私は「**〝運命の金の糸〟が全ての人の潜在意識と宇宙意識をつないでいる**」と確信しています。

願わくば、すべての人が〝運命の金の糸〟に気づくことで自分の人生を豊かにし、そして他の人をも幸せにして頂きたいと思います。

おわりに

二一世紀は〝人間機能革命の世紀〟

地球の波動が年々高まっている？

今までさまざまな天変地異を当ててきた超能力者と言われている人が、テレビ番組に出演し、今年の何月に大地震が来ると予言してもほとんど的中しません。それまでは、パーフェクトだったのに何故でしょうか？　その人がその結果においてマスコミや世間から追いやられてしまいますが、私はその人を嘘つきだとは思っていません。今までは、宇宙意識から情報を得て、適確な予言をし的中してきたのです。ただ、人間一人一人の想念（潜在意識）の集合体の強大なパワーを認識してなかったために、予言が外れてしまっただけなのです。

私たちの住んでいるこの地球は、それぞれの人の想念の集合体で創られています。平和も戦争も、調和も争いも、信頼と不信も、全て愛情と疑念からきています。何故疑念が生まれるかというと、地球上の人間はテレパシーによるコミュニケーションではなく、言語・文字・文章という左脳を中心にした意思伝達をおこなってきたことに〝因〟があるからだと思います。相手の本当の意思や心がわかるならば争いもおこらないのに、相手の言語（文章）の使い方とその裏にある本心を探り出そうとする不信感が生まれ、二者の間に疑念と疑惑の関係が現れてきます。これは個人的関係から始まり、さまざまなグループや地域社会でも現れ、宗教や国家の関係をも揺るがす〝因〟となります。

近年、「二〇一二年に地球の波動が変化し地球人の意識改革が始まる」という説が流布しています。前世紀末に取りざたされたハルマゲドン説（一九九九年に天変地異か大戦争が起こるという説）は地球危機が起きるというマイナスの予測でしたが、これはどうやら地球人の大半の想念で回避されたようです。また、マヤ暦で二〇一二年一二月二一日に地球が滅びるということがまことしやかに取り上げられているようですが、これも心配ないと思います。これだけ公にされると、人々の想念がストップをかけてくれます。

近年の地球波動高揚説は地球人にとってプラスの説なので、多くの人々が心から願えば可能になり、地球の人々の想念のレベルアップが期待されます。

みんなでテレパシーを送ってみよう

地球の文化的歴史を振り返ってみると、農業革命、産業革命、情報革命（コンピューター文化）と続き、それぞれ人々の暮らしに恩恵を与えてきました。情報革命が終焉を迎えると、後は何が起きるのでしょうか？　私は、〝人間機能革命の時代〟が始まると思っています。その兆候はあらゆる分野で、すでに前世紀末に始まっています。私の分野である治療や癒しの分野では気功や遠隔治療が研究され、産業界では想念のままに移動するロボットも誕生しています。いわゆる、目に見えないものの探求が起きています。

私は、今から結婚し出産する予定の若い人たちに次のことをお願いしています。二人が二世の誕生を計画した時から喧嘩や言い争いをやめることと、妊娠がわかった時からお腹の受精卵にテレパシーを送ること、無事誕生したら少なくとも小学生までは、テレパシーを送り続けることなどです。嘘発見器の大家・バクスターの実験によって証明されたように、細胞は人間のテレパシーを感知できます（125ページ参照）。たとえ発信する自信がなくても、絶えず送り続けることで自分にもその能力が発達します。言葉と共に愛情溢れるテレパシーを送ることで、親子の断絶も無くなり、新人類が誕生することになります。

ただし、若い夫婦やその子供たちだけに地球の進化を任せていてはならないと思います。天変地異すらも変えることができるのは、地球に住んでいる**あらゆる人々の想念の集合体が幸福の方向に向いて初めて可能**だからです。私たち一人一人が人間としての機能を発達させ、人のために愛のテレパシーを発信させたり、手当てで痛みを取り除くことができるようになりたいものです。二一世紀は、地球の人間全ての人が自分の機能を開発させて、地球の進化発展のために尽くさなければならないと思います。

世のため、人のため、ちょっと自分のため

一〇〇パーセント願望を叶えるには

地球には約二〇〇〇万種類もの生物がいますが、全て自分の特徴を使って生きています。鳥は羽根を持ち空をとび、魚はエラ呼吸をしながら水中を泳ぎ、草食動物は持久的走力で野山を駆け巡り、肉食動物はその瞬発力と鋭利な牙で獲物を捕えます。虫けらと言われる虫たちも、移動できない草花もそれぞれの特性を生かして生きています。

では、人間の特徴は何でしょうか？　それは、身体に占める割合が巨大である脳があることです。その特徴である脳を使って生きることが、人間の天命であり子孫繁栄の道なのです。この脳を使うということは、地球上の他の生物にはできない「想像と創造」活動ができることに他なりません。つまり神様と同じ想像と創造ができるのが唯一人間であり、神の子と言われる所以です。

どんな分野においても、どのような職業に就いても、生きていく限りはこの「想像と創造」力を働かせる必要がありますし、この力を発揮することで人生に勝利することができます。ただし、一九九八年に出版した『ミラクルワード』に書いたように「世のため、人のため、ちょっと自分のため」になることであれば、どんなことでも一〇〇パーセント達成できると思います。私の教

え子には、この精神を守って女優や漫画家や童話作家や会社社長や起業家になった人もいますが、芸術科教員も多数おり、後輩たちや学生たちにこの精神を伝えてくれています。

この地球においては、目に見えるもの耳に聞こえるもの、そして科学的に証明されたものしか信じない人々がほとんどです。さらに地球上の資源は有限であり、自分が確保しないと他の人に渡ってしまうという心配性の人ばかりです。その結果、自分だけが良ければいいという利己主義が浸透し「自分のため　自分のため　家族のため」に生きている人が圧倒的に多いと思います。私利私欲のみで活動した人は、結局他の人の賞賛も得られず、生きる目的を果たすでもなく、あの世に多額のお金を持って行けないで死んでいきます。

「世のため、人のため」だけで生きる人

では「世のため、人のため」だけで生きていく人は、どうでしょうか。自分や家族のことよりも、世の中を良くするために奔走する人は素晴らしい聖者であり、他の人のために寝食を忘れその人の幸福を願う人は本当の博愛の使徒だと思います。しかし、一生一人で暮らしていくならばともかく、結婚し家族を持っている人ならば、まず最低、自分と家族の身体的健康と精神的健康を守らなければなりません。

私たちの仲人さんは、山形県庄内平野選出で、かつては自民党の幹事長も務めた加藤紘一代議

士です。一九九五年のこと、米が余って値下がりし困った農家と食飢饉の北朝鮮の庶民を助けるべく、政府が米を農家から買い取って北朝鮮に送ることにしました。これを推進した議員の一人が加藤氏でした。

その結果として、日本の農家は助かったのですが、北朝鮮では軍の上部がその米を手に入れてしまい、庶民にいき渡ることはなかったのです。軍の上部が横流しをして、その米が市場で売られている光景をテレビで見て、大変くやしい思いをしました。

それ以外にも、家族を説得し自分たちは食べるものも我慢し、生活を倹約してやっと集めた「難民の救済のための援助金」が、救済援助団体から難民に渡らず行方不明などと聞くと、全く自分の行為は何だったのかと後悔してしまいます。また、ボランティアで大切な時間と貴重な労力を提供して一生懸命尽くしたのに、その人やその人たちから裏切られたりすると、もう二度と世のため人のための活動はしたくないと思っても当然のことでしょう。

私は、「自分のため」だけの人はもちろん幸せになれませんが、「世のため、人のため」だけの人も成功しないと思います。「世のため、人のため」になる仕事なり事業は、人々の支援エネルギーに満ち溢れ、それなりに成功する確率は高いのですが、人に裏切られるのではないかという恐れや、自分に対する確信の弱さがあり、その不安が失敗を引き寄せてしまうように思います。しかし、もしその人にとって、少しは名が残ったり、多少は生活が豊かになるならば、失敗を打ち破り成功に結びつける頑張る力が沸いてくると思います。

本当に心から願うことは叶うものです。夢を見るということは、自分にそれができる能力があるから夢を見るのです。人間は、自分の心とかけ離れたとんでもない夢は見ないのです。「世のため、人のため」になることは、人々の支援エネルギーによって成功しやすく、「ちょっと自分のため」になることは、本人の頑張る力を生み出します。私は**あらゆる人に「世のため、人のため、ちょっと自分のため」になることをやりなさい**と勧めています。

本書出版におけるミラクル

大震災と萩原玄明先生

本書の原稿を最初に書き始めたのが二年半前。そこからコツコツと書き溜めてきて、やっと完成したのが二〇一一年二月二〇日でした。さっそくある出版社に勝手に原稿を送り、返事を待っている最中に起きたのが、あの「東日本大震災」でした。本文にも書きましたが、私は高校一年生の時に「新潟地震」を体験しており、その時の揺れのほうが怖かったので、近所の主婦の皆さんにも「横揺れだから大丈夫ですよ」と声をかけて安心させたほどでした。

ところが、日増しに情報が流れてくると、特に津波による被害が尋常ではなく、結局二万人近くの人が死去されたり行方不明になる未曾有の大災害になってしまいました。震災後に予定されていた講演会や講習会が中止になり、酒田東高の同期会や造形大の教職員OB会も中止になりました。また、先の出版社からは、この状況では出版ができない旨の丁寧な断りの手紙が四月五日に届きました。

造形大では、一つのテーマをさまざまな分野の先生が講義をやるオムニバス授業があります。総合講座というのですが、ある年の授業テーマが「正常と異常」でした。例えば、ある先生は「芸術家の正常と異常」のように、テーマに沿った講義を輪番制でおこなうのですが、私の題目は「身体における正常と異常」「精神における正常と異常」の二回でした。「身体における〜」のほうはともかく、「精神における〜」のほうは自信がありません。

私は、いつも新聞を読んだら健康にかかわる記事や本の紹介を切り抜いていますが、目に留まったのが萩原玄明先生が書かれた『精神病は病気ではない』（ハート出版）の新聞広告でした。先生が住職を務める長江寺はなんと私の自宅と同じ八王子市にあったので、さっそく、治療のために訪れた家族たちへの講話があるという日に訪問しました。終了後、先生とはさまざまな話をしたのちに意気投合し、それから御指導を受けるようになったのです。

ある時、萩原先生が私たち夫婦をシーフードレストランに招待してくれて、奥様と四人で会食をしました。食事中、先生はこう切り出しました。

「今日広島から相談者が来たのだが、昨夜の夢のことを言ったら、『私には関係ありません』と言うんだよ」

「どういう夢だったんですか？」

「東北の羽黒山の階段を、修行僧と女の子が手をつないで登ってるんだよ」

私はびっくりして、「それは、私の伯父（法律上は祖父）と姉ですよ」と答えました。私の姉は四歳の時に疫痢で亡くなっており、姉の生前、剣道着を着たおじさん（六九歳で死去）が良く羽黒山へ連れて行っていたという話を聞いていました。つまり先生は、相談者の方ではなく、その後に会う予定だった私の家族のことを透視していたのです。

その際、「私はあと七年で天に召される。天の声が聞こえたのだ」と言われたので、「私はあと七年で退職です。奇遇なので、あと七年間は毎年私の授業で特別講義をしてください」という約束をしました。

それから三年間、毎年九月末に萩原先生を大学にお招きし、講義をして頂きました。ところが一昨年に連絡した際には、体調を崩されたとのことで来校できないというお返事でした。先生の体調が心配でしたが、本書の原稿の概要を話したところ、「面白そうだね。ハート出版なら紹介するよ」と仰ってくれたのです。

ハート出版との出会い

昨年の八月三〇日のことでした。私は、和歌山で開催された「日本養生学会」で整体の実技研修指導をしてきました。その道中、「そろそろ萩原先生の講義のお願いをする時期だな」と思い電話をしたところ、奥様が出られたのです。奥様の口から発せられたのは、私にとって衝撃的なことでした。

「玄明は今年の二月に亡くなりました。本人の希望で身内だけで葬儀をしたので、先生にも連絡できなかったのです」

私は帰京後、取り急ぎ先生のご霊前に挨拶に行きました。その際、奥様から闘病生活の話などをうかがった中で、先生の数多くの著書の話題になりました。この時点で本書の出版先はまだ決まっていませんでしたが、生前萩原先生に話をしていたことを伝えると、奥様はハート出版の日高裕明社長を紹介してくれたのです。

さっそく私は日高社長宛に原稿を送りました。すると原稿を投函した三日後には、日高社長自身から、「出版会議で検討したい」という旨の電話がありました。その一〇日後には編集担当の西山世司彦さんより「出版決定」との連絡が来たのです。

それでも、やはり一度関係者に直接会って、ハート出版の「ハート」という言葉を取り入れた理由など、会社のポリシーを聞いてから返事をしよう思いました。そこで、西山さんに頼んで日高社長と初めてお会いしたのが、二〇一一年一〇月一八日（火）でした。日高社長は本好きな温厚な方で「ハートに残る、ハートを温める本を出したい」という信念で、これまでは児童書や精神世界などの本を世に出し続けられてきました。そして、今ここに精神自己啓発のジャンルをさらに開拓したいという意欲溢れる思いを感じ、私は出版して頂くようお願いをしたのです。

この本の内容はミラクル実践法なのですが、このような経過で出版できることがミラクルそのものと感じております。本書が世に出ることで、今後、読者皆さんのさまざまなミラクルを実現する手助けをしていかなくてはと、私自身、ハートを引き締めています。日本中のみならず、世界中の人々のハートを温められるようになることを祈っています。

願望達成プロフィール

本を読み終わったその日の願望を記入してください。
ただし「世のため、人のため、ちょっと自分のため」の願望です。

7回目	6回目	5回目	4回目	3回目	2回目	1回目	
							年
							月日
							その日の叶えたい願望・目標
							結果

※奇跡達成の体験談をお寄せください
〒171-0014東京都豊島区池袋3-9-23
ハート出版『宇宙につながる運命の金の糸』佐藤明紀良宛

【付録】フィジカルセラピスト（身体総合療法師）養成講座について

「ミラクル実践法」の講演（実習）会について

地球上の全ての人々がそれぞれ自分の願望が叶うように、何処へでも行きますから呼んでください。講演料については企業・会社などの営利団体は基本料金、公的機関・学校・サークルなどはご相談に応じます。詳細についてはお問い合わせください。

「フィジカルセラピスト養成講座」

自然運動研究所では、手当療法師、リンパ整体師を育成するために、「フィジカルセラピスト養成講座」を月二回（各コース二日間）開講しています。

Aコースは、「手当療法」「バランス療法」「リンパセラピー」を学び、受講修了者は日本自然療法協会公認の『手当療法師』に認定、Bコースは「リンパ整体」「リンパテーピング」を学び、受講修了者は世界リンパ整体協会公認の『リンパ整体師』に認定します。さらに、両コースの受講修了者は『フィジカルセラピスト』として認定しています。

案内書その他についてのお問い合わせは、FAX０４２（６２３）１４２８（佐藤明紀良）にお願いします。

会場　自然運動研究所（〒169―0074 東京都新宿区北新宿3―1―20 全軽連ビルB1）

Aコース「手当療法師養成講座」
日程　毎月一週目か二週目の土・日におこなう
時間　一日目　十三時半～十九時半
　　　二日目　十時～十三時　十四時～十七時
講座内容　一日目　手当療法・バランス療法
　　　　　二日目　リンパセラピー（ACクリーム使用）

Bコース「リンパ整体師養成講座」
日程　毎月三週目か四週目の土・日におこなう
時間　一日目　十三時半～十九時半
　　　二日目　十時～十三時　十四時～十七時
講座内容　一日目　リンパ整体（頸椎・胸椎矯正）
　　　　　二日目　リンパ整体（腰椎矯正）・リンパテーピング
＊但し、頸椎・胸椎・腰椎矯正以外はDVDで習得。

参考文献（順不同）

『「原因」と「結果」の法則』（サンマーク出版）ジェームス・アレン
『神との対話』（サンマーク出版）ニール・ドナルド・ウォルシュ
『自助論』（三笠書房）Ｓ・スマイルズ
『引き寄せの法則』（ＫＫベストセラーズ）ウィリアム・Ｗ・アトキンソン
『宇宙からの使者』（たま出版）藤原忍
『ケネディ暗殺とＵＦＯ』（たま出版）コンノ・ケンイチ
『ワイス博士の瞑想法』（ＰＨＰ研究所）ブライアン・Ｌ・ワイス
『宇宙とつながる成功習慣』（ビジネス社）中野裕弓
『あなたに奇跡が舞い降りる５０の方法』（ＰＨＰ研究所）原田真裕美
『運命を拓く　中村天風』（講談社文庫）
『新版　ガンの自然免疫療法』（花伝社）小川秀夫
『ミラクルワード――奇跡を呼ぶ秘訣』（東明社）佐藤彰
『フィジカル・リンパセラピー』（ベースボール・マガジン社）佐藤彰
『手のひらでできる無痛リンパ整体』（ベースボール・マガジン社）佐藤彰

佐藤 明紀良（さとう あきら）

本名：佐藤彰。東京造形大学教授。東京整体療術学院名誉教授。宇宙フィジカルセラピー協会会長。1948年山形県庄内町に生まれる。余目中学では弁論大会に優勝し、県大会に出場。酒田東高では体操部で岐阜国体、岩手インターハイに出場。日本体育大学では体操部副主将となり、卒業後実践空手の道へ。東京造形大学に奉職中、西ドイツで学んだジャズ体操を正子夫人と共に＜ジャギー＞として普及し、日本中にカルチャーセンターブームをもたらす。
勤続４０年を超えた造形大では『名物教授』として知られ、右脳開発をはじめとする独特の授業で、教え子たちに数々の成功体験を与える。また、北新宿の自然運動研究所では、自然無痛施術を実施するほか、「手当療法師」「リンパ整体師」といった『フィジカルセラピスト』の育成にも努める。
著書に『ミラクルワード』（東明社）、台湾で翻訳された『スポーツ整体・家庭整体』、中国で翻訳された『フィジカル・リンパセラピー』、『手のひらでできる無痛リンパ整体』、最新刊である『フィジカルセラピー』（すべてベースボールマガジン社）ほか多数（すべて佐藤彰名義）。
ＴＶ出演：『たけしのＴＶタックル』『おもいっきりテレビ』『ニュースアイ』ほか。
雑誌掲載：『わかさ』『安心』『壮快』『ゆほびか』『医療ジャーナル』ほか。

日本自然療法協会
〒192-0992　東京都八王子市宇津貫町1556　東京造形大学佐藤彰研究室内
TEL 090-3819-7311 FAX 0426-37-8110
URL http://www.lymphseitai.com
mail seitai.akira.126@ezweb.ne.jp

自然運動健康研究所
〒169-0074　東京都新宿区北新宿3-1-20 全軽連ビルB1
TEL 090-3819-7311 FAX 042-623-1428

装　幀 / 小田切春凌（Shun-Ryo.GRAPH）
カット / 高橋なおみ

宇宙につながる運命の金の糸

平成24年２月25日　第１刷発行

著　者　　佐藤 明紀良
発行者　　日高 裕明

発行　ハート出版

〒171-0014
東京都豊島区池袋３－９－23
TEL03-3590-6077　FAX03-3590-6078
ハート出版ホームページ　http://www.810.co.jp

ISBN978-4-89295-698-0　　編集担当　西山　印刷　中央精版

好　評　既　刊

精神科医が見放した患者が完治している驚異の記録

【新装版】精神病は病気ではない

萩原玄明 著　本体2000円
ISBN4-89295-494-2

続・精神病は病気ではない

【新装版】精神病が消えていく

萩原玄明 著　本体1300円
ISBN4-89295-485-3

迷える潜在意識が引き起こす青少年期の異変

心を盗まれた子供たち

萩原玄明 著　本体1500円
ISBN4-89295-467-5

あなたの中のスピリチュアルな友人

からだの声を聞きなさい

リズ・ブルボー 著　浅岡夢二 訳　本体1500円
ISBN4-89295-456-X

もっとスピリチュアルに生きるために

からだの声を聞きなさい2

リズ・ブルボー 著　浅岡夢二 訳　本体1900円
ISBN4-89295-516-7

病気と不調があなたに伝える〈からだ〉からのメッセージ

自分を愛して！

リズ・ブルボー 著　浅岡夢二 訳　本体2000円
ISBN978-4-89295-574-7

あなたが病気になる本当の理由

超医療セラピー

クローディア・ランヴィル 著　浅岡夢二 訳　本体1800円
ISBN978-4-89295-687-4

〈いま〉を強く生き抜くために

ホワイトウルフの教え

ホワイトウルフ 著　葉祥明 編　本体1000円
ISBN978-4-89295-639-3